Henri PARIS

L'UN DES CÔTÉS

DE

LA QUESTION

Aut Lex aut Vis valet.
(Bacon.)

REIMS
IMPRIMERIE V. GEOFFROY & Cie
21, rue Pluche, 24

1872

L'UN DES CÔTÉS

DE

LA QUESTION

Aut Lex aut Vis valet.
(BACON.)

REIMS
IMPRIMERIE V. GEOFFROY & Cie
21, rue Pluche, 24

1872

Parce qu'on a transgressé les lois, qu'on a perverti le droit, malédiction dévorera la terre : ses habitants deviendront insensés et seront exterminés, tellement qu'il en demeurera bien peu.

(ISAÏE, XXV.)

A

la Magnifique, Excellente et très-illustre

dans le passé,

très-dolente, très-flagellée, très-misérable

dans le présent,

RÉPUBLIQUE FRANÇAISE

CONSOLATION, RESTAURATION ET RECONFORT.

Dans les profonds abymes où les grandes fautes des années écoulées récemment t'ont précipitée, ô ma triste et bien aimée patrie! c'est un devoir à tous tes enfants, au plus humble comme au plus élevé, de s'évertuer courageusement à la recherche des voies perdues de félicité et de grandeur que tu étois accoutumée à suivre.

C'est à ce but filial que tend ce petit essay.

Plus haut eussé-je voulu m'élever, mais, comme le disoit il y a trois cents ans en-deçà, Joachim du Chalard, advocat au grand conseil, dans son exposition des ordonnances du roy Charles IXe : Il vault trop mieux imiter les petits oyseaux qui, sortant du nid encores foiblets et débiles, voltigent de branche en branche, pour s'exercer, sans du premier coup s'élever et prendre les airs, à l'extrémité, craignant de faire en terre une misérable et trop dommageable cheute.

Heureux, si je puis acquérir déjà quelque

bonne œillade qui m'encourage à cas de plus haute luicte et de plus grande conséquence !

Reçois donc, je te prie, ce petit présent de moy, ayant égard plutôt à l'affection et saine volonté qu'à ce que je t'offre, consacre et dédie d'aussi bon cœur, que je prie l'Eternel t'octroyer durée perpétuelle en ton essence, sans tomber davantage ès-mains de tes ennemis et prendre nouvelle diminution et débilitation en tes forces, vertus et grandeurs.

A Dieu, de Reims le 28e may 1872.

H. P.

I.

CE QUE L'AUTEUR SE PROPOSE.

Ceci n'est pas une œuvre de parti, mais l'étude consciencieuse de l'une des pièces maîtresses du grand débat qui s'instruit en ce moment en France, et qui ne peut manquer d'être soumis, dans un avenir prochain, à la décision du pays.

La France, il y a quatre-vingts ans, s'est lancée au milieu des tempêtes. Ses forces, depuis ce moment, s'usent chaque jour davantage pour retrouver sa voie.

Reprendra-t-elle le cours de ses destinées dans le monde, en renouant la chaîne de ses anciennes traditions par un retour à la monarchie séculaire et par un pacte nouveau avec l'héritier de ses rois ?

Persistera-t-elle dans la voie d'aventures où elle s'est précipitée à la recherche d'une nouvelle forme de gouvernement, qui serait plus en rapport avec les principes, les intérêts et les besoins de la démocratie moderne ?

J'entends dire que la France est lasse des expériences monarchiques et qu'il n'est pas possible qu'après tant de luttes et de souffrances pour acquérir la possession d'elle-même, elle en soit réduite à prendre la légitimité pour refuge et à retourner au passé pour son salut.

Quel langage hautain, et comme il est bien à sa place dans les temps calamiteux où nous vivons !

De quoi le présent peut-il donc être si fier? Ce passé, que l'on dédaigne, avec les vieilles institutions qui, pendant quatorze siècles, ont présidé aux destinées de la France, n'offre-t-il pas, au milieu des péripéties les plus émouvantes et souvent les plus glorieuses, le spectacle grandiose d'un peuple qui s'élève des abîmes de la barbarie aux sommets de la civilisation? Pendant ce long cours des siècles, cette monarchie, que l'on repousse comme un humiliant refuge, a-t-elle manqué à sa mission? Les grands établissements de Saint-Louis, les belles économies de Louis XII, les pacifications de Henri IV, les magnificences de Louis XIV, les vertueuses restitutions de Louis XVI, méritent-elles un si superbe dédain? N'attestent-elles pas dans l'histoire l'action bienfaisante et la puissante fécondité des institutions monarchiques? Quel peuple, après tout, a jamais exercé dans le monde un plus gand ascendant par son génie chevaleresque et militaire, par le succès de ses armes, et plus encore par le prestige du goût, des arts, des lettres, c'est-à-dire par l'intelligence, par tout ce qui élève l'homme au-dessus de lui-même? — Le moment est en vérité bien choisi pour mettre le passé en regard avec le présent!

On parle d'expériences et d'essais infructueux de monarchie!... Que la réplique serait facile aux monarchistes! — Les échafauds de 1793, les orgies de juin 1848 et les forfaits de la Commune, sont-ce donc des essais plus engageants de république ?

Est-il bien juste aussi d'appeler du nom « d'expériences monarchiques » ces tentatives avortées de quasi-monarchie et d'empire, poursuivies sans succès, depuis qu'on est sorti de la monarchie véritable ? Ce ne sont que des écarts et des déviations de monarchie. Leur insuccès confirme, au lieu de l'affaiblir, la supériorité de cette grande et salutaire loi de l'hérédité qui présidait jadis à la transmission du pouvoir, et sans laquelle les princes les plus éminents ne comptent de rien. Aussi, vainement chercha-t-on à donner aux pouvoirs nouveaux la forte garantie de l'hérédité. Ils en étaient la négation même. Les meilleurs esprits s'y laissèrent prendre. Les uns, par crainte du désordre, acceptèrent ces essais comme une digue à opposer aux débordements de la rue ; les autres se crurent plus habiles en y voyant un acheminement vers la réalisation du principe à la fois séduisant et dangereux de l'élection.

Nous disons le séduisant et dangereux principe de l'élection, et en effet quelles plus séduisantes perspectives n'offre pas aux esprits généreux la pratique d'un gouvernement confié aux mains du plus digne! Mais aussi quelle carrière ouverte aux plus hardis comme aux plus téméraires et trop souvent aux plus dangereuses théories!

Quelques-uns vont jusqu'à mettre au compte des sentiments de répulsion qu'inspirerait la forme monarchique, l'éclosion des folies du socialisme et des crimes du communisme; encore un peu, et ils y trouveraient comme une excuse. Leur erreur n'est peut-être pas aussi profonde qu'on le croirait à première vue. Ce que menacent en effet ces funestes doctrines, n'est-ce pas la famille et la propriété? Or, attaquant l'hérédité dans le pouvoir, ils attaquent en même temps la clef de voûte et la plus forte assise d'un édifice social, qui repose tout entier sur l'hérédité. Que celle-ci disparaisse du pouvoir, et on verra bientôt ce que deviendront propriété et famille. Il y a longtemps que le cri d'alarme a retenti pour la première fois. Les *Bourbons retirés*, écrivait en 1820 M. de Chateaubriand, LE

DROIT *disparaît : alors s'ouvre l'immense carrière* DES FAITS *qui tous ont un égal droit à vous opprimer. La légitimité est en Europe le sanctuaire où repose la souveraineté par qui seule les gouvernements subsistent. Violez ce sanctuaire, et la souveraineté n'est plus qu'une divinité sans asile, exposée au milieu des ruines, aux outrages de toutes les ambitions.*

Les faits, depuis cinquante années, n'ont-ils pas justifié ces prophétiques paroles? Aura-t-il manqué une seule épreuve aux générations actuelles?

On parle aussi de luttes et de souffrances supportées par la nation pour acquérir la possession d'elle-même. Eh quoi! pendant quatorze siècles, la France se serait formée, elle aurait marché, elle aurait grandi, elle aurait exercé son ascendant dans le monde, sans avoir conscience ni de son existence, ni de sa force, en un mot sans se posséder elle-même! Ne dira-t-on pas que ce n'est que depuis qu'elle parle de se posséder elle-même, qu'elle a perdu tout empire et sur elle-même et sur les autres, et que l'étranger a pu commencer à se partager ses lambeaux !

Mais laissons à ces controverses leur cours, et gardons, s'il est possible, l'impartialité d'un esprit calme, et qui cherche loyalement une voie qu'il puisse suivre sans trouble pour sa conscience, sans danger pour sa responsabilité.

Tous les jours, les publicistes étrangers s'étonnent à la fois de la profonde ignorance où nous paraissons être de nos véritables annales, et du mépris que nous professons pour nos ancêtres. Le mot *patrie* vient de *père*, et il n'est pas un peuple, même le plus déshérité, où le noble sentiment du patriotisme n'exalte et ne sanctifie la vertu des ancêtres. N'est-il pas étrange qu'il en soit autrement chez le peuple favorisé de la plus belle histoire du monde ! Et non-seulement nous semblons être les seuls à ne la pas connaître, mais nous prenons comme plaisir à la défigurer.

D'où nous vient donc un pareil travers ? Ne craignons pas de sonder la plaie tout entière.

C'est que la passion révolutionnaire, c'est-à-dire cette fièvre de nouveauté et de changement qui offre à l'ambition de chacun de nous une amorce toujours fraîche, l'exagération d'un sentiment fécond lorsqu'il est contenu dans de justes bornes, celui de l'amour-propre, mais qui égare à leur insu les esprits les plus solides lorsqu'il est excessif, une véritable monomanie jalouse qui nous fait répudier comme une atteinte à notre dignité personnelle tout ce qui ne procède pas de nous seuls, chacun craignant que son voisin n'ajoute à son mérite jugé inférieur un peu du mérite des siens : ces excès incontestables d'ambition et d'orgueil unis à la légèreté et à la prodigieuse promptitude de l'esprit français qui devine plus qu'il n'étudie, ont puissamment concouru depuis un siècle à fausser l'instruction et le jugement des générations contemporaines.

L'opinion publique, qu'on appelle avec raison la reine du monde, est devenue la proie des vulgarisateurs et des critiques de l'école moderne qui symbolisent et synthétisent au gré du jour. Chacun de nous apporte dans l'étude un esprit à la fois impatient et distrait, curieux mais pressé de savoir, voulant savoir sans se donner la peine d'apprendre. Appelés que nous sommes ailleurs, les uns par les préoccupations des affaires et la passion d'une fortune rapide, les autres par l'entraînement des plaisirs, nous nous accommodons à merveille de ces systèmes faits d'avance qui plient indistinctement tous les caractères sous le même jugement, et font entrer de force tous les événements dans le même cadre. Un mot suffit à peindre un règne ; une phrase est de trop pour un siècle. Ajoutez à cela, pour le plus grand nombre, l'influence de la littérature à bon marché, celle des romans et des drames soi-disant historiques, et vous comprendrez que le peuple le plus spirituel de la terre, mais aussi le plus impressionnable, soit, en somme, le moins sérieux, qu'il soit, sinon, le plus ignorant, tout au moins, ce qui est pire, celui qui sait le moins bien ce qu'il sait, qui se paie le plus de mots, qui vit de préjugés, sur lequel on exerce avec le même succès, tous les quinze ou vingt ans, la même fascination par les mêmes erreurs. Est-il bien sûr que ceux qui se chargent de les enseigner au peuple ne finissent à la longue par y ajouter foi eux-mêmes? Un aveugle se défie des ténèbres qui l'enveloppent et ne marche qu'à tâtons. Il parvient à éviter l'écueil. Eclairé par une lueur trompeuse, l'homme clairvoyant se jette aux abîmes. Le bruit de notre grande révolution a fait taire tous les échos du passé. Le choc imprimé à la société française a tellement ébranlé les esprits, confondu les positions, troublé les intelligences, que nous ne voyons plus en decà que des ombres et des ténèbres. Les fameux principes de 89 nous apparaissent comme autant de nouveautés, et on en a conclu que tout ce qui avait précédé leur était contraire, sans se douter que, sur les points essentiels, on n'avait fait que remettre en lumière les grands principes du droit naturel et primitif de la France. Les réformes, à tout bien considérer, étaient depuis longtemps déjà accomplies dans les mœurs. Il ne subsistait plus guère que des distinctions honorifiques et des inégalités choquantes, sans doute, mais ne résistant plus que dans les costumes et dans la forme. Si, lors des Etats-Généraux, les ordres eussent été assis sur les mêmes bancs, et confondus dans le même costume, la révolution se fût peut-être accomplie sans secousses.

Il est sans doute difficile de lutter contre des préjugés enracinés de longue date, et il serait assurément plus commode et plus profitable surtout, pour un esprit jaloux de popularité, de suivre l'ornière battue et de flatter les préjugés au lieu de chercher à les détruire. On est toujours le bienvenu à dire à un peuple qu'il est le plus glorieux du monde, même au milieu de ses plus lamentables et plus humiliantes défaillances, et de lui parler de *glorieuses blessures*. Si les rois sont sensibles à la flatterie, les peuples ne le sont pas moins. Le spectacle de tous ces hommes ardents, pleins de talent et d'ambition, qui, depuis près d'un siècle, se succèdent au pouvoir pour refaire exactement ce qu'ils ont attaqué avec tant d'audace et de passion, et ce qu'ils ont réussi à jeter bas avec tant d'imprévoyance, nous apprendrait le chemin qui mène à la fortune. Mais il faudrait cependant finir par comprendre que la fortune des habiles et des audacieux n'est pas précisément celle de la France. Que ce soit un roi, un empereur ou un tribun qui le conduise, le peuple n'en a pas moins besoin d'un guide. Le nom change, les impôts demeurent, et on n'a pas encore vu que les révolutions les aient amoindris.

Si nous nous reportons à une année à peine en arrière, combien de gens ignoraient ou semblaient ignorer jusqu'au nom de M. le *comte de Chambord ?* — Il y a quarante ans qu'il avait pris, enfant, le chemin de l'exil. On disait de lui qu'il ne connaissait pas plus les besoins et les idées de la France actuelle, qu'il n'était connu d'elle.

Aujourd'hui que son nom est dans toutes les bouches et répété par tous les échos de la presse, on lui reproche d'être trop connu. L'alliance du trône et de l'autel, ce redoutable bélier dont on battit en brèche la Restauration de 1815 à 1830, reprend son œuvre. Le *droit divin*, l'*ancien régime*, les *dîmes*, les *privilèges*, les *droits seigneuriaux*, sont autant d'épouvantails qui sortent de l'arsenal révolutionnaire.

On reprend ces armes ébréchées, malgré la poussière et la rouille qui les couvrent, s'en promettant un succès facile, comptant sur l'ignorance, la crédulité, la vanité et la trompeuse passion d'égalité qui nous dominent.

Il nous semble cependant que la République repose sur un principe trop large, qu'elle répond à des sentiments trop élevés de l'esprit humain, pour qu'il soit nécessaire de l'étayer sur le mensonge et l'ineptie. Le jour où elle pourrait supporter qu'on dise la vérité sur ses adversaires serait bien près de celui de son triomphe. Elle comporte, s'appuyant sur le concours permanent et intelligent de tous, un tel besoin de justice et de lumière, qu'elle serait faite dès qu'elle pourrait se passer de ces trompe-l'œil et de ces fantasmagories. Il ne convient guère de traiter comme un enfant un peuple qu'on appelle aux actes de la virilité. Il ne suffit pas en effet de décréter la République, il faut encore par ses mœurs être capable des vertus républicaines. Loin de retarder son heure, si jamais elle doit venir, ce serait la hâter, que de la placer en présence de ce qu'il y a de vrai et de juste dans les principes contraires, et de lui permettre d'en supporter la comparaison. Le peuple appelé à se prononcer en connaissance de cause rendrait alors un arrêt vraiment souverain. Et c'est alors, mais alors seulement, que l'on pourrait espérer voir la paix et la concorde en France, et qu'avec l'aide de Dieu, se fermerait à tout jamais l'ère des révolutions.

II.

M. LE COMTE DE CHAMBORD.

Monsieur le comte de Chambord est né à Paris le 29 Septembre 1820.

Il reçut en venant au monde le titre de duc de Bordeaux, et les prénoms de Henri-Charles-Ferdinand-Marie-Dieudonné.

Le poignard de Louvel venait d'atteindre, dans le vaillant cœur du duc de Berry, le dernier et le plus vigoureux rejeton qu'eût encore donné la souche de Louis XIV. Le 13 Février 1820, vers onze heures du soir, sous le péristyle de l'Opéra, comme le prince venait de reconduire jusqu'à son carosse madame la duchesse de Berry, et qu'il se disposait à rentrer pour voir la fin du spectacle, un inconnu le frappa au-dessous du sein droit. Le poignard était resté dans la plaie. Le prince l'en arracha en s'écriant : « Je suis mort. » — Il fut transporté dans le petit salon qui précédait sa loge, et là, pendant que le spectacle continuait, les chirurgiens *élargissaient la plaie pour en sonder la profondeur et ouvrir une issue au sang épanché dans la poitrine* [1].

Lorsque le prince revint à lui, à la vue de la duchesse qui se tordait de douleur, agenouillée à son chevet : « Mon amie, lui dit-il, ne vous laissez pas accabler, ménagez-vous pour l'enfant que vous portez dans votre sein. »

« Ce peu de mots, dit M. de Chateaubriand, fit un effet surprenant : en présence de la douleur on sent renaître malgré soi un mouvement de joie. L'attendrissement redouble en même temps pour le prince qui laisse à sa patrie pour dernier bienfait cette dernière espérance. »

Quelques mois plus tard, le 29 Septembre,

[1] Chateaubriand.

jour de saint Michel, naissait M. le duc de Bordeaux.

Le roi Louis XVIII présenta le nouveau-né à la foule serrée sous le balcon du vieux Louvre.

« *Mes amis,* s'écria-t-il, *un enfant nous est né, il vous aimera comme vous ont aimés tous ceux de ma race.* »

Au nom des ambassadeurs étrangers, le nonce du Pape salua le jeune prince du nom « d'enfant de l'Europe. »

Les souvenirs de cette époque sont d'hier. Ils racontent les émotions du monde entier, la joie et l'attendrissement des royalistes, et ils étaient nombreux alors, comme ils le redeviendraient vite, si le vent de la fortune reprenait en poupe le vaisseau de la France.

Les lettres et les arts dans les monuments les plus purs du temps se chargèrent de transmettre à la postérité l'enthousiasme public.

Dans une langue, qu'il a prétendu depuis lui avoir été apprise par des préjugés sucés avec le lait[1], M. Victor Hugo s'écriait :

[1] V. la préface des Odes et Ballades. Jersey, juillet 1853. — Edition Hachette 1858.

« O joie, ô triomphe! ô mystère!
Il est né l'enfant glorieux,
L'ange que promit à la terre
Un martyr partant pour les cieux!
L'avenir voilé se révèle.
Salut à la flamme nouvelle,
Qui ranime l'ancien flambeau !
Honneur à ta première aurore,
O jeune lys qui vient d'éclore,
Tendre fleur qui sors d'un tombeau !

. . . .
. . . .

Ne craignons plus les tempêtes !
Bravons l'horizon menaçant:
Les forfaits qui chargeaient nos têtes,
Sont rachetés par l'innocent !
Quand les nochers, dans la tourmente,
Jadis voyaient l'onde écumante
Entr'ouvrir leur frêle vaisseau,
Sûrs de la clémence éternelle,
Pour sauver la nef criminelle,
Ils y suspendaient un berceau. »

Eloigné en ce moment de la France, le chantre des *Méditations* apprenait par la renommée la bénédiction miraculeuse du sang des Bourbons. *Cet événement*, dit-il plus tard [1], *inspira ma jeune imagination en même temps*

[1] Œuvres complètes de Lamartine, tome 1er. Paris 1862.

que mon cœur. Il adressa à son père « sur l'enfant du miracle » l'une des plus belles odes qu'ait chantées sa lyre.

Dix ans plus tard, le duc de Bordeaux, à bord du « Great-Britain, » commandé par l'amiral Dumont-d'Urville, quittait la rade de Cherbourg, accompagnant le roi Charles X, son grand-père, et son oncle, le duc d'Angoulême. Ceux-ci reprenaient pour la troisième fois le chemin de l'exil.

Dans son *Histoire de dix ans de règne*, M. Louis Blanc raconte que le commandant du brick qui escortait le « Great-Britain » avait ordre de le couler bas si Charles X tentait d'y agir en maître.

MM. Odilon Barrot, de Schœnen, et le général Maison, — celui-ci élevé quelques jours avant, par le roi, à la dignité de maréchal de France, — avaient été chargés par le gouvernement provisoire, en qualité de commissaires civils, de conduire les exilés jusqu'au lieu de leur embarquement. Pendant le chemin de Rambouillet à Cherbourg, M. de Schœnen, en arrêtant ses regards sur le jeune duc de Bordeaux, s'était écrié : « Et cet enfant, qui sait ? » De son côté, M. Odilon Barrot, au moment où le vieux roi allait quitter la France qu'il ne devait plus revoir, lui dit en montrant le prince : « Sire, élevez bien cet enfant, la France un jour peut avoir besoin de lui. »

La monarchie héréditaire venait de sombrer une deuxième fois. Ce n'est pas que les quinze années de la Restauration n'eussent mérité leur nom. Alors que les passions de cette époque avaient fait trêve pendant quelque temps, les partis hostiles, dans la confiance où ils étaient de l'impossibilité d'un retour à la légitimité, ont parlé avec une sincérité qu'ils jugeaient sans périls. La lumière s'est faite, et il a été rendu justice aux efforts et aux bienfaits d'un gouvernement reconnu par tous comme doux, libéral, profondément honnête et vraiment réparateur.

Les finances ruinées par le premier Empire avaient été rétablies dans un état de prospérité jusque-là et depuis lors inconnu. Un seul fait peut en donner une idée : la propriété foncière fut dégrevée de 90 millions. Les indemnités de guerre acquittées ; le sol de la patrie purgé des armées étrangères ; le milliard des émigrés assurant, aux mains des nouveaux possesseurs, la propriété incontestée des biens saisis et vendus révolutionnairement ; la France, par une direction ferme, loyale et habile, replacée à son rang dans l'Europe ; la presse et la tribune se développant avec une indépendance complète et pratiquant, avec un éclat qui n'a pas été dépassé depuis, le système représentatif véritable ; les lettres et les arts s'épanouissant au soleil trop longtemps voilé de la liberté ; le commerce et l'industrie progressant, favorisés par l'apaisement des colères, des vengeances et des revendications des puissances étrangères que l'Empire avait coalisées contre nous : — Ce sont là autant de titres à la reconnaissance du pays et à l'admiration de la postérité.

Un publiciste que l'on proclamait, il y a quelques jours encore, du haut de la tribune nationale, le *maître de tous en fait de liberté*, et qui ne peut être suspect de partialité en faveur de la Restauration dont il n'a cessé d'être l'un des adversaires les plus dangereux et les plus prévenus, écrivait à cette époque :

« Pour être fort contre ce qui est mal, soyons vrai pour ce qui est bien ; reconnaissons qu'à aucune autre époque, sous aucun règne, sous aucune forme de gouvernement, la France n'a été aussi libre qu'aujourd'hui [1]. »

Ce gouvernement n'en est pas moins tombé. On pourrait longtemps disputer sur les causes de sa chute. *Les Bourbons revenus avec l'étranger*, tel a été le thème sur lequel les libéraux et les bonapartistes ligués, n'ont cessé pendant quinze années de moduler leurs complaintes. L'opinion publique s'y est laissé prendre. Ceux-là furent réputés les auteurs du mal, que la force des choses avait amenés à le réparer. N'assistons-nous pas en ce moment à un spectacle semblable, avec cette double différence que la république a aggravé le mal et n'a jusqu'alors encore rien réparé. Le sentiment patriotique, et Dieu nous garde, aujourd'hui où il a montré de si tristes défaillances, d'en blâmer même les erreurs, le sentiment patriotique ne pardonna pas à la Restauration sa funeste et innocente origine.

Benjamin Constant. — Principes politiques.

D'un autre côté, malgré sa rare intelligence, le roi Louis XVIII, lui qui cependant avait passé la Manche, ne prévit pas combien il eût été préférable au lieu de présenter une Charte à la France, d'en accepter une d'elle, — qui donc y songeait alors? — et il laissa ainsi sur le chemin de son successeur un écueil où peu de temps après devait échouer l'imprévoyance de sa politique. On ne peut nier aussi que la consciencieuse et respectable piété de celui-ci, interprétée par les exagérations d'un zèle maladroit, vint offrir à l'opposition des prétextes pour effrayer les esprits inquiets et jaloux de la liberté de conscience. C'est par là qu'on fit passer le Roi pour le chef d'un parti plutôt que de la France entière, et la monarchie s'écroula bien plus sous le poids des tendances redoutées que des actes mêmes de son gouvernement.

Au surplus, quelles qu'aient été les fautes, comment en rendrait-on responsable le duc de Bordeaux?

Comme lui, lorsqu'il fut exilé à son tour dix-huit ans plus tard, M. le *comte de Paris*

Paris touchait à peine à sa dixième année.

En 1830, Charles X, par une obstination impolitique à vouloir conserver des ministres que persistaient à repousser les chambres, engagea une lutte dont il sortit vaincu. Il n'avait cependant que suspendu temporairement la liberté de la presse, et la chose était assurément réparable. Depuis, la législation de 1834, et surtout celle du second Empire, ont laissé bien loin derrière elles les fameuses ordonnances. Le Roi n'en tomba pas moins sous l'émeute attisée par des journalistes en colère.

En 1848, Louis-Philippe se perdit de même en s'obstinant à garder un ministère qui craignait de perdre la majorité dans une chambre qu'aurait élue le corps électoral, modifié par ce qu'on appelait alors l'adjonction des capacités. Le mal fut bien autrement grave, car la révolution qui suivit les banquets réformistes nous donna le suffrage universel direct, sans organisation, sans expérience : et c'est cette force inconnue, inconsciente, nouvelle expression faussée de la souveraineté nationale, qui nous amena l'Empire et la dissolution nationale que ce gouvernement favorisa par sa coupable politique, par les hontes et les désastres de sa chute.

Malgré la différence dans les conséquences des fautes commises, serait-il juste de rendre responsable M. le comte de Paris de celles du gouvernement de Juillet, pas plus que M. le duc de Bordeaux de celles de la Restauration ?

C'est ce sentiment de justice qui dictait à M. de Chateaubriand cette admirable lettre adressée en 1843 au petit-fils de saint Louis qu'il était venu visiter à Londres :

« Je salue avec des larmes de joie l'avenir que vous annoncez. *Vous, innocent de tout*, à qui *l'on* ne peut *rien opposer que d'être descendu de la race de saint Louis*, seriez-vous donc le seul malheureux parmi la jeunesse qui tourne les yeux vers vous?

» Vous me dites que, plus heureux que vous, je vais revoir la France! Plus heureux que vous! c'est le seul reproche que vous trouviez à adresser à votre patrie. Non, prince, je ne puis jamais être heureux, tant que le bonheur vous manque. J'ai peu de temps à vivre et c'est ma consolation. J'ose vous demander après moi un souvenir pour votre vieux serviteur... »

Le 1er mai 1821, jour de son baptême, M. le duc de Bordeaux avait reçu de la France le domaine de Chambord, racheté des mains de la bande noire par une souscription nationale. Il en prit le nom à son départ de France, et depuis, comme il le dit lui-même dans une de ses lettres, il ne cessa de le porter avec fierté sur les chemins de l'exil qu'il foule aux pieds depuis quarante ans.

Par la mort de M. le duc d'Angoulême, son oncle, arrivée à Goritz au mois de juin 1844, M. le comte de Chambord est devenu le chef de la maison de France, et le chef de toutes les branches de la maison de Bourbon.

Par son aïeul paternel, le roi Charles X, il descend directement du duc de Bourgogne, l'aîné des petits-fils de Louis XIV, et par celui-ci de Louis XIII et de Henri IV.

Henri IV avait été appelé au trône comme

étant le dernier descendant direct de saint Louis, du chef de Robert, comte de Clermont, le plus jeune des fils de ce prince, marié à l'héritière de la branche aînée des sires de Bourbon.

Saint Louis était le huitième successeur direct de Hugues-Capet.

Hugues-Capet, arrière petit-fils de Robert-le-Fort, comte d'Anjou et marquis de France, beau-frère et gendre de Louis-le-Débonnaire, se rattachait ainsi à Charlemagne, et avec celui-ci par une souche commune à la race des Mérovingiens.

M. le comte de Chambord a épousé, le 16 novembre 1846, Marie-Thérèse, archiduchesse d'Autriche d'Este.

Il n'est pas né d'enfants de ce mariage.

Louis-Philippe-Albert d'Orléans, comte de Paris, est né également à Paris, le 24 août 1838. Il est le chef de la branche d'Orléans, issue de Philippe, frère puiné de Louis XIV, et second fils de Louis XIII. Il descend aussi directement de Henri IV, de saint Louis, de Hugues-Capet et de Robert-le-Fort.

M. le comte de Paris a épousé, le 31 mai 1864, Marie-Isabelle-Françoise d'Assise, fille du duc de Monpensier, sa cousine germaine.

Il est né de ce mariage deux enfants :

Une fille, Marie-Amélie-Hélène, née le 28 septembre 1865.

Et un fils :

Louis-Philippe-Robert d'Orléans, né le 6 février 1869.

M. le comte de Paris a un frère, M. le duc de Chartres, qui s'est distingué dans l'armée de la Loire sous le nom de Robert-le-Fort. Il s'est marié en 1863 à sa cousine germaine, la fille de M. le prince de Joinville. Il en a quatre enfants, dont deux fils : Robert et Henri.

Les quatre oncles de M. le comte de Paris ont tous des enfants :

De M. le duc de Nemours sont issus M. le comte d'Eu, marié à la fille de l'empereur du Brésil, et M. le duc d'Alençon, marié à une princesse de Bavière.

De M. le prince de Joinville, M. le duc de Penthièvre.

De M. le duc d'Aumale, M. le duc de Guise.

De M. le duc de Montpensier, sept enfants dont trois fils.

Après M. le comte de Chambord, M. le comte de Paris devient le chef de la maison de France, par suite de la renonciation du second petit-fils de Louis XIV, appelé au trône d'Espagne en 1700.

Si la France revient un jour au droit monarchique, en appelant au trône celui qui en est le représentant, elle place à sa tête le premier gentilhomme du monde, et le chef de la plus ancienne et de la plus illustre des maisons régnantes de l'Europe.

« Quand il n'y aurait dans la France que cette maison de France dont la majesté étonne, encore pourrions-nous en fait de gloire en remontrer à toutes les nations et porter un défi à l'histoire. Les Capet régnaient lorsque tous les autres souverains de l'Europe étaient encore sujets [1]. »

Nous ignorons les destinées futures de l'Eu-

[1] Chateaubriand.

rope, et nous ne pouvons savoir si les convulsions vers la forme élective du pouvoir, qui agitent depuis près d'un siècle la France, se communiqueront à toutes les autres nations. Toujours est-il qu'à l'heure actuelle, et pour longtemps sans doute encore, les institutions des autres puissances de l'Europe sont et seront monarchiques. Or, dans l'état d'abaissement où nous ont placés des désastres sans précédents dans notre histoire, on ne saurait méconnaître l'intérêt de la France à reprendre en Europe, ne fût-ce que par la situation personnelle de celui qui porterait son épée, la place qu'elle a perdue. Qui se flatterait d'être plus écouté dans le concert des souverains de l'Europe que le premier d'entre eux ? Qui pourrait plus facilement guider la nation dans cette œuvre de réparation et de restitution exigées à la fois par son honneur et l'intérêt de la paix du monde, que le chef de cette maison de France, « *la plus grande de tout l'univers et à qui les plus puissantes maisons peuvent bien céder sans envie, puisqu'elles tâchent de tirer leur gloire de cette source ?* [1] »

[1] Bossuet. Oraison funèbre d'Henriette d'Angleterre.

Nous avons dit quel est le prince, un mot sur l'homme :

Les qualités extérieures ne sont assurément que secondaires, nous venons d'en voir un exemple frappant par la popularité d'un souverain dont le nom a fait, pendant plus de vingt ans, le seul prestige. Toutefois, si elles ne sont pas tout à fait indifférentes chez les simples particuliers, à plus forte raison chez ceux que leur rang ou leurs fonctions mèttent en évidence et qui par leur naissance ou leur fortune sont appelés à la tête des peuples.

Lorsqu'à un extérieur agréable et sympathique viennent se joindre des manières engageantes, un abord cordial et prévenant, un caractère franc et ouvert, un esprit vif et enjoué, une parole facile et prompte à la répartie, l'homme heureusement doué de ces avantages est bien prêt de rallier à sa cause les esprits les plus rebelles et les plus prévenus.

Telles seraient les dispositions naturelles de M. le comte de Chambord, si on en croit les personnes qui ont eu l'honneur de l'approcher.

Au mois d'Octobre 1843, le prince quittait

la ville d'Edimbourg près de laquelle il avait passé les premières années de son exil et qu'il était venu revoir dans un des nombreux voyages qui ont instruit sa jeunesse. Un journal de cette ville, le *Caledonian-Mercury*, traçait de lui le portrait que voici :

« La personne du prince est entièrement prévenante ; le feu de l'intelligence brille dans ses traits, et il a vivement rappelé à notre esprit les portraits de son ancêtre Louis XIV, dans son jeune âge. Mais à la majesté et à la figure du grand roi, il joint une douceur et un charme d'expression qui lui gagnent rapidement tous les cœurs.

» Ses manières sont remplies d'une affabilité sans apprêt, et d'une bonté dont on a eu la preuve, entr'autres dans ses questions multipliées et pleines d'un vif intérêt sur toutes les personnes qu'il a connues ici dans son enfance. Enfin il n'est pas un de ceux qui ont eu le privilége de jouir de sa société, qui n'en soit sorti avec un véritable sentiment d'admiration. »

A ce portrait, que nous tirons à dessein d'une feuille étrangère, nous pourrions en joindre un grand nombre ; tous se ressemblent. — Ils ne peuvent, peints par des adversaires politiques eux-mêmes, être suspects de fantaisie ou de complaisance, et quand on les retrouve sous la plume de tous, il faut bien les regarder comme sincères.

L'histoire de Henri IV, dit Sully dans ses mémoires, *fournit une infinité de traits de cet enjouement et de cet air affable et populaire qui ont peut-être plus contribué que ses grandes qualités à le faire aimer du peuple.*

III.

LE DROIT DIVIN.

La métaphysique a peu de rapports avec la politique ; celle-ci s'inspire plus de passion que de raisonnement. Il faut cependant s'entendre sur ce qu'on appelle le droit divin.

Si Dieu existe, il est tout-puissant, et s'il est tout-puissant, il ne lui est pas plus difficile de présider aux grandes révolutions des mondes qu'aux plus petites agitations des peuples. Ce qui arrive, il le permet. Aussi, personne, — peuple, roi, individu, — n'existe-t-il, n'agit-il, ne pense-t-il qu'avec la permission et par la volonté divines.

Les monarchies peuvent donc se dire de droit divin, et les républiques aussi. Celles-là le diront avec d'autant plus de raison qu'elles auront duré plus longtemps, car Dieu les aura plus longtemps permises.

A un autre point de vue, il est un ensemble de lois primordiales, qui a reçu dans tous les temps et chez tous les peuples le nom de *droit divin* ou *naturel* par opposition au droit *humain* ou *positif*.

L'homme n'a pas été placé sur cette terre pour vivre isolé. L'état de société est une des lois de son existence, et cette première loi *divine* ou *naturelle* entraîne avec elle une série de règles qui en sont les corollaires nécessaires.

La loi, dit Montesquieu, *qui, en imprimant en nous-mêmes l'idée d'un Créateur, nous porte vers lui, est la première des lois naturelles par son importance.*

Aussi, pas de société sans religion.

De même, pas de société sans famille et sans propriété.

Ces vérités ne se démontrent pas; elles s'affirment.

Les règles donc, qui rendent la vie de l'homme possible en société, que ces règles procèdent de la révélation divine ou du développement naturel de la raison humaine, constituent le droit divin.

En dehors de cette double application, le droit divin n'a rien à voir avec les formes sous lesquelles les gouvernements se conduisent.

Les gouvernements, en effet, sont faits pour les peuples, et non les peuples pour les gouvernements. Vouloir faire procéder un gouvernement, quel qu'il soit, d'un droit antérieur, supérieur à la volonté ou à l'assentiment des sociétés, est une profonde en même temps qu'une orgueilleuse hérésie.

Les républicains ont raison de repousser une monarchie qui voudrait s'imposer comme étant de droit divin ; mais, pour être conséquents et justes, ils devraient commencer par répudier pour eux-mêmes une doctrine qu'ils condamnent avec raison chez les autres.

« Au-dessus du vote, en dehors de tout vote, avant comme après tout vote, la république était, est et sera. »

Cette insolente proposition est républicaine.

Hier encore M. Gambetta, qui n'aura pu résister aux vœux de ses amis qui placent en ses talents le succès de leur cause, et qui reparaît sur la scène politique plutôt assurément que ne semblait l'autoriser le douloureux dénouement de ses tristes efforts, M. Gambetta s'écriait à Bordeaux :

« La république est le gouvernement du droit. Car, *contre le droit* il ne saurait surgir que des *prétentions illégitimes*, il ne peut pas se faire qu'on nous oppose, pour l'abattre et le fouler aux pieds, ni un *consentement* surpris à *l'ignorance* et à *la faiblesse*, ni un coup d'état de prince, ni un *complot de la rue*. C'est en ce sens qu'on a pu dire du droit républicain qu'il est *au-dessus des attentats de la force* et des *caprices de la multitude*. Si la république est le *gouvernement de droit par excellence*, est-ce que tous les partis ne peuvent pas s'y donner rendez-vous ? »

Gouvernement de droit, *gouvernement par excellence*, qu'est-ce à dire? Ne sont-ce pas là des expressions bien vagues ? Sur quoi est fondé ce *gouvernement par excellence ?* Ce n'est pas assurément sur l'assentiment populaire, puisqu'il *serait à l'abri d'un consentement qui peut être surpris à l'ignorance et à la faiblesse du peuple*. Or, quand et comment pourra-t-on ne pas disputer sur la question de savoir s'il a été ou n'a pas été surpris ? Et qui décidera ?

N'est-ce pas là précisément affirmer le droit divin de la république ?

On blasphème le nom de Dieu en voulant l'imposer à une forme de gouvernement qui est de pure volonté et de pure convention humaines.

La doctrine que ne désavouent pas les coryphées de l'école républicaine, serait-elle donc aussi professée par les monarchistes ? L'hérésie, pour changer de grands-prêtres, ne changerait pas de nature.

A part le peuple d'Israël, dans la conduite duquel les saintes Ecritures nous montrent l'intervention directe du Seigneur, nous ne connaissons dans l'histoire aucun exemple qui puisse faire remonter jusqu'à Lui la source du pouvoir.

Alors que nos plus vieux ancêtres élevaient leurs chefs sur le pavois, nous ne voyons intervenir que la force de leurs bras et l'énergique liberté de leur choix. *Reges ex nobilitate, duces ex virtute sumunt* [1].

[1] Tacite. — *De moribus Germanorum.*

Le premier des rois de la seconde race, Pépin-le-Bref, est fait roi par l'élection, et son fils Charlemagne, dans la charte de partage entre ses trois fils, ordonne que, dans le cas de décès de l'un deux, les deux autres se partagent ses états, et il ajoute :

« Que si l'un des trois a un fils, que le peuple veuille bien l'élire pour succéder à l'état de son père [1]. »

C'est encore à l'élection, dans la célèbre assemblée de Noyon, que Hugues Capet doit la couronne, et ce prince, pour en assurer la transmission à son fils, l'associe de son vivant à l'empire, en le faisant acclamer par le peuple et sacrer par l'Eglise.

Par une de ces nombreuses erreurs qui masquent aux yeux de la foule abusée les véritables origines de notre droit national, la cérémonie du sacre a été représentée comme le symbole d'une investiture divine, destinée à effacer la trace du concours primitif de la nation. Une étude plus sérieuse y fait découvrir un sens tout opposé. Dieu choisit le prince

[1] Abrégé de l'histoire de France.
Préface par le P. G. Daneil, Paris 1724. tome Ier, page 129.

par la naissance, le peuple l'accepte, et la religion scelle le contrat en recevant les serments.

C'est le choix de la nation, disait Massillon devant Louis XV, *qui mit d'abord le sceptre entre les mains de vos ancêtres. C'est elle qui les éleva sur le bouclier militaire et les proclama souverains. Le royaume devint ensuite l'héritage de leurs successeurs, mais il le durent originairement au consentement libre de leurs sujets.*

Sire, disait encore de nos jours Mgr de Latil, archevêque de Reims, au roi Charles X, le jour de son sacre, *ce n'est pas l'onction que nous répandons sur vous qui vous confère aucun droit sur la couronne : ce droit, vous le tenez de vos ancêtres et des assemblées nationales.*

Malgré tous les efforts faits pour l'obscurcir, la tradition s'est conservée jusqu'à nos jours dans toute sa pureté. Les témoignages en sont nombreux dans nos annales.

Dans les Etats-Généraux tenus à Tours en 1484, *Philippe Pot, sieur de la Roche*, député de Bourgogne, s'exprimait ainsi :

« Au temps de Philippe de Valois, il y eut

» entre ce monarque et Edouard, roi d'An-
» gleterre, des guerres par rapport à la suc-
» cession à la couronne. Enfin ils convinrent
» sans hésiter, et *conformément à la loi*, de
» soumettre un si grand procès au jugement
» des Etats-Généraux ; la sentence qu'ils pro-
» noncèrent alors en faveur de Philippe, nous
» sert de défense contre les Anglais...

» Sous le roi Jean, lorsque par suite des
» malheurs de la guerre et d'un revers de
» fortune, ce prince était tenu en captivité,
» les Etats n'ont-ils pas pris, réglé, délégué
» la police et l'administration du royaume ? et
» quoique Charles V, fils du roi Jean, eût
» alors vingt ans accomplis, ce ne fut pas
» néanmoins tout de suite que la régence lui
» fut confiée, mais deux ans après la pre-
» mière assemblée. Les Etats se réunirent
» de nouveau à Paris, et ledit Charles reçut
» le gouvernement de la nation, seule-
» ment par leur consentement et par leur décision.

» Au surplus, pourquoi rappeler ce qui est
» un peu ancien ? Du temps de Charles VI,
» qui environ à l'âge de douze ans succéda à
» son père, le royaume a été réglé et admi-

» nistré par le conseil des Etats. Ce fait est
» encore présent au souvenir d'un grand
» nombre, et je raconte non ce qu'on nous a
» dit, mais ce que nous avons vu. »

Dans la séance des mêmes Etats du 9 Février 1484, sous la minorité de Charles VIII, le même orateur disait encore :

« Comme l'histoire le raconte et comme je
» l'ai appris de mes pères, dans l'ori-
» gine, le *peuple souverain créa des rois*
» *par son suffrage*, et il préféra particuliè-
» rement des hommes qui surpassaient les
» autres en vertu et en habileté. En effet
» chaque peuple a élu un roi pour son uti-
» lité. ... »

Il fut un temps sans doute, et il n'est pas très-éloigné de nous, où l'on vit apparaître une doctrine contraire : celle de la puissance absolue et presque divine des rois ; mais, qu'on ne l'oublie pas, c'était par une de ces réactions dont l'histoire des peuples fourmille. On venait de proclamer le régicide comme un dogme. La Sorbonne elle-même l'enseignait dans ses leçons. Henri III venait de tomber sous le poignard du fanatisme. Le parlement effrayé traduisit à sa barre les bacheliers et leurs thèses. Il condamna les uns et fit brûler les autres. L'orateur des Grandes Chambres et Tournelles assemblées, dénonce *l'abominade parricide en la personne du Roy, comme cause du feu, du sang, des meurtres et des sacriléges, des brigandages, des violences, des cruautés, des inhumanités, des monstres, des prodiges et de l'infinité de maux qui ont exercé la France depuis sept ans. Il déclare en même temps l'autorité des Roys sacro-sainte ordonnée de la divinité, principal ouvrage de la providence, chef-d'œuvre de ses mains, image de sa sublime majesté*[1].

Il faudrait se garder de croire que cette doctrine excessive, inspirée par les malheurs publics, n'ait pas rencontré de courageuses protestations. On les retrouve à chaque page des nombreux écrits du temps.

En 1587, les défenseurs du vrai droit monarchique invoquent les *lois qui ont conservé la cité par plusieurs siècles en son bonheur et fortune, et qui sont la seule raison et moyen*

[1] Procès-verbal de l'exécution d'un arrêt de la cour du parlement du 19 juillet 1595.

de la maintenir à jamais, autrement s'il estoit loisible d'abattre les fondements et loix principales sur lesquelles est planté l'Etat, tout s'en iroit en ruine, et n'y auroit ni paix, ni repos en la République, parce que le premier factieux estourdy et peu sage qui voudroit s'agrandir et faire parler de soy, les renverseroit sy dessus dessous et mettroit le feu dans la cité, désirant changer et rompre le lien et commun gage de la République [1].

Plus tard, après l'assassinat de Henri IV, le même sentiment d'horreur et le même besoin de paix ramenèrent les doctrines du parlement de 1595. Cette fois, elles éclatent dans les Etats-Généraux eux-mêmes. Tous se précipitaient alors dans l'absolutisme. Plus le roi serait puissant, plus le peuple se croyait assuré de calme, de bien-être et de liberté. En 1614, le tiers-état, avec une énergie sans pareille, et la noblesse elle-même, proclament que *la personne du roi est sainte et in-*

[1] Examen du discours contre la maison royale de France, sur la loi salique et succession du royaume (1587).

violable[1], *que le roi ne tient son royaume que de Dieu et de son épée*[2].

L'ordre du clergé seul proteste contre l'absolutisme royal ; il revendique *les droits et puissance de la communauté sur le prince par elle constitué, sans quoi elle n'auroit pas pouvoir suffisant de se conserver elle-même*[3].

Sous Louis XIV, la révolution, appelée par les vœux des Etats-Généraux de 1614, s'était accomplie. Le roi était tout-puissant, et cependant ce n'est pas au nom d'un droit supérieur aux sociétés, qu'une telle puissance s'exerce et se justifie. Cette puissance, dont l'excès nous surprend et nous irrite aujourd'hui, avait été imposée au roi lui-même en lui donnant pour fondement l'intérêt des peuples.

Ecoutez Bossuet ; il se garde bien de méconnaître le droit des sociétés :

« Les histoires nous font voir, dit-il, un

1 Harangue du prévost des marchands, Miron, aux Etats de 1614.

2 Harangue de l'orateur de la noblesse.

3 Harangue du cardinal du Perron, au nom de l'ordre du clergé.

grand nombre de républiques dont les unes
» se gouvernaient par tout le peuple ce qui
» s'appelait démocratie, et les autres par les
» grands, ce qui s'appellait aristocratie.

» Les formes du gouvernement ont été
» mêlées en diverses sortes et ont composé
» divers Etats mixtes. »

Il compare ensuite ces formes entr'elles, et s'il donne la préférence à la monarchie, ce n'est pas parce qu'elle procède de Dieu, mais, entr'autres raisons :

« 1° Parce que c'est le gouvernement le
» plus naturel et qu'il se perpétue de lui-
» même. Point de brigues, point de cabale
» dans un Etat pour se faire un roi : la nature
» en fait un. La mort saisit le vif, disons-
» nous, et le roi ne meurt jamais.

» 2° Parce qu'il est le plus éloigné de l'a-
» narchie.

« 3° Parce que c'est celui qui intéresse le
» plus à la conservation de l'Etat les puis-
» sances qui le conduisent. Le prince qui tra-
» vaille pour l'Etat, travaille pour ses enfants,
» et l'amour qu'il a pour son royaume, con-
» fondu avec celui qu'il a pour sa famille,
» lui devient naturel. »

Et il ajoute en concluant :

« Nous n'avons pourtant pas oublié qu'il » paraît dans l'antiquité d'autres formes de » gouvernement sur lesquelles *Dieu n'a rien* » *prescrit au genre humain* ; en sorte que » chaque peuple doit suivre comme un ordre » divin le gouvernement établi dans son pays; » parce que Dieu est un Dieu de paix et qu'il » veut la tranquillité des choses humaines. »

Bossuet écrivait pour le Grand Dauphin, Fénelon à son tour n'enseigne pas d'autres principes au duc de Bourgogne :

« Je conclus, dit-il, que le droit héréditaire » de couronne et celui des terres n'ont à la » vérité aucun fondement dans le droit natu- » rel et primitif, mais ils sont tous deux » fondés sur les mêmes principes du droit » civil, et doivent être également tous deux » inviolables dans tous les pays où ils sont » établis. »

En 1789, les cahiers des assemblées électorales de toute la France, en affirmant le vieux droit national, proclament tous la constitution monarchique héréditaire, par droit de primogéniture, à l'exclusion des femmes et de leurs héritiers, et ils ajoutent :

« Advienne l'extinction de la maison ré-
» gnante, la nation est saisie du droit de
» choisir son souverain. »

Que vient-on nous parler après cela de droit divin, comme principe de la royauté en France ? Et comment les royalistes seraient-ils assez ignorants ou impolitiques pour en faire la base de leurs revendications ?

M. Guizot écrivait en 1820 :

« L'hérédité des trônes n'a d'autre objet
» que de mettre le droit sur le trône afin qu'il
» soit partout. A ce titre seul, l'hérédité est
» légitime, mais à ce titre aussi elle devient
» une véritable légitimité, et de ce caractère
» qui fait sa force découlent en même temps
» tous ses avantages.

» Il faut bien que ces avantages soient
» grands, car *tous les pouvoirs et tous les*
» *partis les ont recherchés avec ardeur*. J'i-
» gnore ce que recèle l'avenir ; il a beaucoup
» de secrets sans doute, et bien impossibles à
» entrevoir ; mais, jusqu'à présent, dans les
» sociétés qui ont duré longtemps, et où la
» légitimité a poussé ses racines, elle n'a pu
» être abolie ; elle a changé de place, de con-

» dition, de nom propre ; elle a survécu à tous
» ces changements. Les temps qui avaient vu
» sa ruine ont vu sa résurrection ; les hommes
» qui l'avaient renversée l'ont rétablie, les
» pouvoirs qu'elle condamnait s'en sont em-
» parés ; elle donne à la vie sociale, dans le
» passé et dans l'avenir, cette étendue, cette
» perpétuité qui est un des plus profonds
» besoins de notre nature. Comme supersti-
» tion, la légitimité a pu et dû périr ; comme
» institution, elle est très-forte et très-pré-
» cieuse [1]. »

On ne saurait mieux dire, et depuis 1830 les événements, que ne pouvait prévoir l'illustre publiciste, n'ont fait que confirmer ses paroles. C'est à cela qu'il faut répondre pour attaquer la monarchie, car c'est là qu'est la vraie raison monarchique, et aller s'en prendre constamment à cette puérile et mensongère objection du droit divin, c'est ou bien un grand mépris du peuple qu'on abuse, ou bien une profonde ignorance.

On dit, on imprime, on répète chaque jour,

[1] Du gouvernement de la France. Paris 1820.

que M. le comte de Chambord est le représentant du droit divin, Est-ce donc ainsi qu'il comprend lui-même ses droits?

Il arrivait à peine à l'âge de majorité que son premier acte fut d'adopter cette devise :

« Tout pour la France et *par* la France. »

Le 4 février 1844, il écrit à M. Hyde de Neuville ; il avait 21 ans alors :

« Je regarde les droits que je tiens de ma
» naissance comme *appartenant à la France*,
» et bien loin qu'ils puissent devenir, dans
» un intérêt personnel, une occasion de trou-
» bles ou de malheurs pour elle, je ne veux
» jamais remettre le pied en France que
» lorsque ma présence sera utile à son bonheur
» et à sa gloire. »

Le 15 janvier 1849, il écrit à M. Berryer :

« Je ne vois dans les droits que, d'après les
» antiques lois de la monarchie, je tiens
» de ma naissance, que *des devoirs à rem-*
» *plir*. »

Le 16 janvier 1851, à la tribune de l'Assemblée nationale, M. Berryer prononce, répondant à M. Michel de Bourges, cette magnifique allocution qui est restée une des mieux inspirées de son génie :

« Jamais, s'écrie-t-il en parlant du droit divin, jamais expression, jamais pensée plus fausse n'a été produite dans le monde.

» Il n'y a qu'une chose divine au monde ; il n'y a qu'une loi divine : c'est la vie de l'homme en société. Mais la forme sous laquelle telle ou telle société se conduit, cette forme est une institution humaine. Dieu n'est pas venu dire à un tel : Tu seras roi! Les sociétés peuvent vivre en république, en monarchie héréditaire, en monarchie élective. Mais toujours les sociétés, dans les conditions divines de religion, de famille, de propriété, peuvent subsister sous toutes les formes de gouvernement. (A gauche. — Très-bien.)

» Je ne vous dis pas qu'une société ne peut pas vivre en république; ne me dites pas qu'une société ne peut pas vivre en monarchie. Oui, à cela près que la monarchie, dans son gouvernement nécessairement paternel, protége toutes les conditions essentielles de la société ; à cela près que, dans vos idées, dans vos spéculations, dans vos téméraires théories, vous menacez les conditions essentielles et divines. Je vous accorde et je répète qu'une société peut être aussi bien en république qu'en monarchie. C'est là la forme qui est *d'institution humaine ;* c'est là la forme qui est éternellement discutable; c'est là ce qui est livré aux passions, aux jugements, aux volontés des hommes. »

C'était le 16 janvier que M. Berryer répondait ainsi au reproche adressé à la royauté d'être antipathique à la France, parce qu'elle avait la prétention d'être de droit divin, et le 23 du même mois, de Venise, M. le comte de Chambord écrivait à M. Berryer :

« Mon cher Berryer, j'achève à peine de
» lire le *Moniteur* du 17 janvier, et je ne
» veux pas perdre un instant pour vous té-
» moigner toute ma satisfaction, toute ma
» reconnaissance pour l'admirable discours
» que vous avez prononcé dans la séance du
» 16. Vous le savez, quoique j'aie la douleur
» de voir quelquefois *mes pensées et mes in-*
» *tentions dénaturées et méconnues, l'inté-*
» *rêt de la France, qui pour moi passe avant*

» *tout*, me condamme souvent à l'inaction et
» au silence, tant je crains de troubler son
» repos et d'ajouter aux difficultés et aux
» embarras de la situation actuelle. Que je
» suis donc heureux que vous ayez si bien
» exprimé *des sentiments qui sont les miens*
» et qui s'accordent parfaitement avec le langage, avec la conduite que j'ai tenue dans
» tous les temps !...

» Dépositaire du principe fondamental de
» la monarchie, je sais que cette monarchie
» ne répondrait pas à tous les besoins de la
» France, si elle *n'était en harmonie* avec
» son *état social, ses mœurs, ses intérêts, et*
» *si la France n'en* RECONNAISSAIT *et n'en*
» ACCEPTAIT *avec confiance la nécessité.* »

» *Je respecte mon pays autant que je*
» *l'aime* », dit ailleurs M. le comte de Chambord.

Le souverain, c'est la nation jointe au monarque, disaient les cahiers de 1789 ; dans son manifeste du 25 octobre 1852, le prince dit :

« La monarchie en France, c'est la maison

» royale de France indissolublement UNIE à
» la nation. »

Dans son manifeste du 9 octobre 1870, il répète :

« Français, vous *êtes de nouveau maîtres*
» *de vos destinées !*

» Pour la quatrième fois depuis moins d'un
» demi-siècle, vos institutions politiques se
» sont écroulées, et nous sommes livrés aux
» plus douloureuses épreuves.

» La France doit-elle voir le terme de ces
» agitations stériles, source de tant de mal-
» heurs ? C'EST A VOUS DE RÉPONDRE. »

Et il termine par ces mots :

« *Tout pour la France, par la France et*
» *avec la France.* »

Enfin, dans une de ses dernières proclamations qui ont si vivement ému l'opinion publique, il s'écrie :

« Français,

» Je suis au milieu de vous.

» Vous m'avez ouvert les portes de la
» France, et je n'ai pu me refuser au bonheur
» de revoir ma patrie.

» Mais je ne veux pas donner par ma
» présence prolongée de nouveaux prétextes
» à l'agitation des esprits si troublés en ce
» moment.

» *Quand la France m'appellera*, je vien-
» drai à elle tout entier, avec mon dé-
» vouement, mes principes et mon dra-
» peau. »

Est-ce assez? et pour tout esprit honnête, pour tout cœur loyal, peut-il rester un doute?

Donc jamais, dans le droit ancien de la France, la monarchie n'a été réputée de droit divin. Au plus fort de l'absolutisme, on n'aurait pas osé lui donner d'autre base que le respect des traditions et des lois et l'intérêt du peuple. Qu'importeraient au surplus les écarts de quelques illuminés ou les sottes flatteries de quelques courtisans! Ce qui nous importe, c'est que les vrais principes du droit constitutionnel de la France, remis en vigueur en 1789, n'aient pas de plus ferme appui et de plus convaincu confesseur que M. le comte de Chambord. On ne lui reprochera pas d'avoir ménagé à cet égard ni l'énergie ni la répétition de ses déclarations.

En 1592, dans un livre intitulé « Philippique contre les bulles et autres pratiques de la faction d'Espagne, » alors qu'on disputait, sous prétexte de religion, la transmission de la couronne à Henri IV, l'auteur, s'adressant au bons sens de ses compatriotes, leur disait :

« *Quand le Roy ne seroit votre prince légitime, que le prudent et constant ordre des mœurs et ordonnances de ce royaume ne lui mettroit la couronne sur la teste, quand ce sceptre seroit électif, ou subgect à l'aveugle sort, qui sçauriez vous choisir ni désirer plus propre ny plus digne d'un si puissant et grand Empire. Jettez les yeux curieusement sur toute la terre, vous n'en trouverez point de semblable à luy, ni de pareil à une charge si pesante. It est de la plus ancienne et illustre maison qu'on puisse remarquer en tout le monde, dont le tige estoit fort et vigoureux dès le temps de Charlemagne...*

» *Aymez-vous mieux servir à toutes sortes de maîtres?.. Faut-il que l'infortunée France soit toujours rongée de vipereaux qu'elle a conçus, bruslée et mise en cendres par les torches qu'elle a enfantées, hideuse et espouvantable de tant de maîtres et de flammes?* »

On dirait que c'est écrit d'hier!

IV.

L'ANCIEN RÉGIME.

Ce qu'on est convenu d'appeler « l'ancien régime » c'est-à-dire l'état politique de la France avant 1789, — avec la séparation des trois ordres : clergé, noblesse et tiers-état, — avec les priviléges et les distinctions, les dîmes et les droits seigneuriaux, les lits de justice et les parlements, — ce régime, qui, dans l'esprit du plus grand nombre, se personnifiait dans la puissance à peu près absolue du monarque, à peine contenue par des assemblées sans attributions précises et sans retours assurés, exercée comme cela s'est vu pendant un demi-siècle par des favoris capricieux et des cours de justice sorties de leurs attributions, — ce régime a disparu depuis un siècle, disparu sans espoir et sans possibilité de retour.

Que, de 1815 à 1830, la nation jalouse de ses récentes conquêtes, se soit montrée soupçonneuse envers les revenants de Coblentz, auxquels on reprochait, en rappelant le mot de Dumouriez, « *de n'avoir rien appris et rien oublié* », et dont plusieurs pouvaient bien en effet regretter les sacrifices de la mémorable nuit du 4 août, cela s'explique à merveille. Les partis se reconnaissaient, en se retrouvant après vingt ans d'absence. La lutte était encore trop récente pour que les souvenirs en eussent disparu. Il était bien difficile que, malgré la violente diversion de l'épopée impériale, les émigrés, en rentrant en France, ne se souvinssent ni de leurs parents immolés sur l'échafaud, ni de leurs terres passées aux mains de nouveaux possesseurs. Si près de la révolution, tout devenait ombrage et menace de contre-révolution. Aussi bien, il faut en convenir, ne manqua-t-il pas de prétextes.

Louis XVIII, malgré son grand sens politique, se crut forcé de reconstituer les maisons militaires du Roi et des Princes. Que faire sans cela de toute cette noblesse émigrée qui rentrait ruinée et n'avait gardé de son ancienne splendeur que de savoir porter les armes ?

Par une autre erreur, plus fatale à la solidité qu'utile à l'éclat du trône, il rappela autour de lui une cour que vinrent composer les débris des cours de Louis XVI et de Napoléon. Les agitations compromettantes et les rivalités puériles de ces courtisans disparates ne firent qu'exciter les défiances et envenimer les inquiétudes du pays.

Si, d'un autre côté, les membres les plus éclairés de l'ancienne noblesse avaient accepté la situation nouvelle avec résignation et patriotisme, d'autres parmi les moins illustres et parmi ceux qui étaient sortis le plus récemment, et souvent sans qu'on sût trop comment, des rangs du Tiers-Etat, aigris par l'amertume de leur vanité à la fois déchue et deçue, ne dissimulaient ni leurs regrets ni leurs espérances. Ils affichaient impudemment et très-impolitiquement les plus sottes prétentions, et, par le vain étalage de préjugés ridicules, ils froissaient les instincts d'égalité qui avaient pénétré la nation de fond en comble.

La bourgeoisie, qui régnait en souveraine, n'entendait pas raillerie sur l'importance de ses nouvelles fonctions dans l'Etat ; sans inquiétude du côté des classes ouvrières que l'ostracisme censitaire devait tenir pendant longtemps encore éloignées de l'arène électorale, elle prétendait jouir sans partage de cet empire, qu'on a appelé celui des classes intelligentes et moyennes.

Il n'est pas jusqu'au clergé dont le zèle pour ramener les âmes à Dieu ne parut s'agiter au profit et dans le sens de la contre-révolution. Les *Missions*, qui s'étendirent d'un bout de la France à l'autre, par l'exagération de leurs prédications et le déploiement de pompes extérieures auxquelles beaucoup de fonctionnaires prêtaient à contre-cœur un concours intéressé, furent jugées comme autant d'atteintes portées à la liberté de conscience.

Enfin des projets de loi imprudemment proposés, attaqués dès leur apparition avec une passion calculée, et retirés sous le coup de l'impopularité qui les avait accueillis, sans avoir été ni expliqués ni défendus, furent attribués à l'influence de la cour et firent accuser chez le Roi de secrètes tendances à retourner en arrière.

Les justes susceptibilités de la nation furent d'ailleurs excitées par une opposition ardente, implacable, peu scrupuleuse sur le choix des moyens, et ne reculant même pas devant l'arme dangereuse des sociétés secrètes. La Restauration y succomba, et la bourgeoisie, pour conserver l'influence que lui avait léguée la révolution, commit alors une double faute : la première, de confier à la révolte et à l'émeute la défense de ses griefs, et la seconde, bien plus grosse encore, d'abuser de sa dangereuse victoire en disposant seule de la couronne, sans consulter le pays. Elle devait les expier cruellement plus tard.

Si rien n'excuse de tels excès, du moins on ne peut nier que les craintes du retour à l'ancien régime ne les aient expliqués pour le plus grand nombre. Mais ces craintes, aujourd'hui, à près d'un siècle de distance, alors que les arrière-petits-fils des témoins et des acteurs de la révolution de 1789 les ont remplacés sur la scène politique, est-il sérieux, est-il loyal, est-il honnête de chercher à les faire revivre? « *L'absurdité de leurs espérances*, écrivait en 1820 M. Guizot, en parlant de ceux qui rêvaient le retour impossible de l'ancien régime, *égale celle des terreurs qu'elles font naître*. De quels mots faudrait-t-il se servir aujourd'hui pour stigmatiser l'insanité des unes et la perfidie des autres?

Il ne manque pas toutefois d'esprits disposés à prêter aux princes, par cela seul qu'ils sont princes, tous les genres de folies. M. le comte de Chambord a-t-il donc pour sa part laissé le moindre prétexte à de si charitables suppositions?

En 1843, il était à peine majeur, qu'il écrivait à M. le duc de Noailles pour le remercier de son beau livre sur l'histoire de St-Cyr :

« *Je l'ai lu*, lui dit-il, avec beaucoup d'in-
» térêt, comme tout ce qui me rappelle le
» grand siècle de Louis XIV. Malgré la dif-
» férence des temps où nous vivons et *quoi-*
» *que les moyens du gouvernement ne puis-*
» *sent plus être les mêmes*, on trouve, dans

» ce règne qui a élevé la France à un si
» haut degré de gloire, de grands enseigne-
» ments et de nobles exemples »

Depuis, il ne lui arriva jamais de prononcer le nom de *principes monarchiques* sans y ajouter celui de *libertés nationales*.

Le 5 octobre 1848, il écrit à M. le duc de Noailles :

« J'ai employé les longues années de mon
« exil à étudier les choses et les hommes;
» *je comprends les conditions que le temps*
» *et les événenements ont faites à la société*
» *actuelle;* je reconnais les intérêts nouveaux
» qui, de toutes parts, se sont créés en France
» et le rang social que se sont légitimement
» acquis l'intelligence et la capacité. »

Le 23 janvier 1851, à M. Berryer :

« Les maximes que la France a fortement
» à cœur : *l'égalité devant la loi*, la liberté de
» conscience, *le libre accès pour tous les*
» *mérites à tous les emplois, à tous les hon-*
» *neurs, à tous les avantages sociaux*, tous
» ces grands principes d'une société éclairée et

» chrétienne *me sont chers et sacrés comme* » *à tous les Français*. Mon unique ambition » serait de donner à ces principes toutes les » garanties nécessaires par des institutions » conformes aux vœux de la nation, et de » fonder, *d'accord avec elle*, un gouverne- » nement régulier et stable, en le plaçant sur » *la base de l'hérédité monarchique et sous* » *la garde des libertés publiques à la fois* » *fortement réglées et loyalement respec-* » *tées*. »

« Je n'ai rien à ajouter, écrit-il le 12 mars » 1856 au duc de Lévis, aux nombreuses ma- » nifestations que j'ai faites de mes disposi- » tions ; elles sont toujours les mêmes et ne » changeront jamais :

» Exclusion de tout arbitraire ; le règne et » le respect des lois ; l'honnêteté et le droit » partout ; le pays sincèrement représenté, » votant l'impôt et concourant à la confection » des lois ; les dépenses sincèrement contrô- » lées ; la propriété, la liberté individuelle » et religieuse inviolables et sacrées, l'admi- » nistration communale et départementale » sagement et progressivement décentralisée ;

» le libre accès pour tous aux honneurs et
» aux avantages sociaux ; telles sont à mes
» yeux les véritables garanties d'un gouver-
» nement, et tout mon désir est de pouvoir
» un jour me dévouer tout entier à l'établir
» en France et assurer ainsi le repos et le
» bonheur à ma patrie. »

Le 9 décembre 1866, il écrit à M. de Saint-Priest :

« Vous savez depuis longtemps les vœux
» que ma raison et mon cœur me dictent pour
» ma patrie ; est-il besoin de vous le redire
» ici ? Un pouvoir fondé sur l'hérédité mo-
» narchique, respecté dans son principe et
» dans son action, sans faiblesse comme sans
» arbitraire ; le gouvernement représentatif
» dans sa puissante vitalité, les dépenses pu-
» bliques sérieusement controlées, le règne
» des lois, le libre accès de chacun aux em-
» plois et aux honneurs, la liberté religieuse
» et les libertés civiles consacrées et hors d'at-
» teinte, l'administration intérieure dégagée
» des entraves d'une centralisation excessive,
» la propriété foncière rendue à la vie et à
» l'indépendance par la diminution des char-

» ges qui pèsent sur elle, l'agriculture, le
» commerce, l'industrie constamment encou-
» ragées, et au-dessus de tout cela une grande
» chose : *l'honnêteté ! l'honnêteté, qui n'est*
» *pas moins une obligation dans la vie pu-*
» *blique que dans la vie privée ; l'honnêteté,*
» *qui fait la valeur morale des Etats comme*
» *celle des particuliers.* »

Enfin, dans sa lettre du 8 mai 1871 :
« On dit que la monarchie constitutionnelle
» est incompatible avec l'égalité de tous devant
» la loi. Répétez bien que je n'ignore pas à
» ce point les leçons de l'histoire et les con-
» ditions de la vie des peuples. Comment
» tolérerai-je des privilèges pour les autres,
» moi qui ne demande que celui de consacrer
» tous les instants de ma vie à la sécurité et
» au bonheur de la France et d'être toujours
» à la peine avant d'être avec elle à l'hon-
» neur ? »

Un homme fort estimé dans le parti républicain, et faisant autorité par la sincérité de ses opinions, M. *Charles Didier*,
passant en 1848 à quelque distance de Frods-

horf, avait eu la curiosité de faire visite au *prétendant*, comme il l'appelle, *de la légitimité*. Sa visite fit grand bruit à cette époque, et M. Didier crut devoir s'en expliquer dans une brochure restée célèbre, sous le titre : « *Une Visite à M. le duc de Bordeaux.* »

Après avoir raconté l'accueil que lui fit le prince, il tire des observations qu'il a faites le pronostic suivant :

« Il eût fait, j'en suis convaincu, un excellent monarque constitutionnel. La nature de son esprit, son caractère même, étaient appropriés à cette forme de gouvernement, et son éducation a été dirigée dans ce sens. L'esprit de parti le représente comme un absolutiste, et c'est comme tel qu'il apparaît à la foule du fond de son exil ; la vérité est qu'il n'y a peut-être pas dans toute l'Europe un constitutionnel plus sincère que lui. Bien plus, sauf quelques idées modernes qui ont déteint sur lui dans ces derniers temps et qu'il travaille à s'assimiler, c'est presque un libéral de la Restauration. Je me hâte d'ajouter que c'est un libéral religieux, sans pourtant que sa dévotion dégénère, comme on l'avait dit, en bigotisme. Il n'est pas douteux que son aïeul Charles X et que Louis XVIII lui-même ne fussent énormément scandalisés de ses doctrines et qu'il ne fût à leurs yeux un hérétique politique, un Lafayette royal...

Les citations que nous avons tirées des manifestes de M. le comte de Chambord n'ont fait que confirmer le jugement porté par l'écrivain républicain.

Dans sa dernière proclamation, le prince met le sceau à toutes ses promesses.

« Dieu aidant, dit-il, nous fonderons ensemble, et *quand vous le voudrez*, sur les larges assises de la décentralisation administrative et des franchises locales, un gouvernement conforme aux besoins réels du pays.

» Nous donnerons pour garantie à ces libertés publiques auxquelles tout peuple chrétien a droit, le suffrage universel honnêtement pratiqué et le contrôle de deux chambres, et nous reprendrons, en lui *restituant son caractère véritable, le mouvement national de la fin du dernier siècle...* »

Et plus loin :

« Non, je ne laisserai pas, parce que l'igno-
» rance ou la crédulité auront parlé de pri-
» viléges, d'absolutisme, d'intolérance, que
» sais-je encore? de dîmes, de droits féodaux,
» fantômes que la plus audacieuse mauvaise
» foi essaie de ressusciter à vos yeux ; je ne
» laisserai pas arracher de mes mains l'éten-
» dard de Henri IV, de François Ier et de
» Jeanne d'Arc. »

Alors qu'éclataient une dernière fois ces solennelles protestations, des élections partielles se faisaient dans les Landes, dans le Puy-de-Dôme et ailleurs encore ; — de grandes affiches, placardées sur les murs pour combattre les candidatures monarchiques après avoir retracé ce qu'elles appelaient le bilan de la royauté, dénombraient avec usure les anciens droits féodaux, évoquaient les dénominations surannées de manants et de vilains : voter pour tels candidats, y était-il dit en concluant, « *c'est voter pour le retour des Bourbons, c'est-à-dire le retour de l'ancien régime avec tous les droits ci-dessus.* »

C'est à ne savoir qui plaindre de plus de

ceux qui invoquent de tels fantômes ou de ceux qui s'en effraient.

Comment s'en étonner d'ailleurs quand, dans l'Assemblée nationale elle-même, un homme de l'âge, du nom et du caractère de M. Emmanuel Arago, répondant à M. Princeteau, qui s'était élevé contre ces manœuvres électorales, s'oubliait jusqu'à dire :

« Quoique je ne redoute guère le retour de M. le comte de Chambord, de la maison de France, je prends acte publiquement de cette déclaration, que la noblesse renonce à son rôle historique et à tous ses privilèges. »

Ne se croirait-on pas encore au 4 août 1789? Et M. Emmanuel Arago, de la maison Arago vouée héréditairement aux idées républicaines, croit-il donc sérieusement que personne en France puisse songer au retour possible du rôle historique de la noblesse et de ses privilèges? S'il n'y croit pas, pourquoi cette imprécation? — La seule noblesse aujourd'hui possible, acceptée par tous les hommes sensés, est celle du talent et des services rendus. Elle est héréditaire aussi, même sous la république, et ce n'est pas à coup sûr M. Emmanuel Arago qui pourrait s'en plaindre.

V.

L'ÉGLISE.

L'Eglise! Il n'est pas de sujet à la fois plus vaste, plus grave et qui touche plus intimement à la paix et à la grandeur des sociétés. L'Eglise! c'est-à-dire la religion, le culte envers le souverain maître de toutes choses, c'est-à-dire encore la loi morale ou les rapports de l'homme avec Dieu et avec ses semblables! Quelques esprits, sans doute, entendent bannir Dieu de l'histoire comme de la nature; — ils sont heureusement fort rares : — mais, pour ceux qui estiment qu'il faut ou rejeter absolument l'existence de Dieu, ou admettre son intervention dans les choses humaines, il n'est pas, répétons-le, de sujet plus grave et qui soit plus digne de fixer l'attention des politiques.

Ce n'est pas assurément ici le lieu de donner à ce sujet les développements qu'il comporte ; il convient toutefois de noter certaines propositions élémentaires et de mettre en relief certains faits historiques qui serviront de guide pour l'intelligence de ce chapitre.

L'idée de Dieu est une des premières notions qui saisisse naturellement la pensée humaine.

Sur quelque partie du globe, dans quelque lieu et sur quelque temps que l'on porte ses regards, on ne rencontre pas de société sans religion.

De l'aveu de tous, même en mettant de côté l'autorité que les chrétiens attachent à la révélation divine, le christianisme a marqué un progrès éclatant sur les religions de l'antiquité. Nulle part on ne trouve une morale comparable à la sienne.

L'Eglise de Jésus-Christ, instituée par lui pour conserver et enseigner sa doctrine, a apporté au monde la triple consolation de la rédemption des âmes, de la rémunération suivant les œuvres, de la liberté et de la responsabilité morale.

La société païenne agonisait au milieu des convulsions d'un sensualisme monstrueux et se débattait sous les étreintes d'une effroyable misère, lorsque l'Eglise vint relever les esprits abattus par le despotisme et courbés sous l'esclavage.

Plus tard, l'empire romain, c'est-à-dire le monde ancien, s'écroulait sous les coups des barbares. L'Eglise s'interposa entre les envahisseurs et les populations éperdues, opposant aux aveugles brutalités de la force matérielle les droits éternels de la justice, de la charité et de la fraternité.

De tels services n'ont pu sortir avec le temps de la mémoire des hommes. Ce sont eux qui ont fondé sur la reconnaissance des peuples, la grande et salutaire influence de l'Eglise dans le monde moderne.

Qui ne se sentirait, aujourd'hui encore, frappé d'une sainte admiration et pénétré d'une pieuse gratitude en se rappelant la parole du Fils de Dieu au prince des apôtres : « Pierre, sur cette pierre tu bâtiras mon église. » Rome avait subjugué le monde par la puissance de ses légions et le tenait captif sous la domination de ses armes. Aux violences de la force, imposant la loi du vainqueur, allait succéder la douce persuasion de la parole évangélique proclamant la loi morale. Rome, capitale du monde païen, devenait la Ville Sainte, d'où les successeurs des apôtres devaient rappeler sans cesse aux hommes répandus sur la surface du globe, la promesse accomplie du Messie et les devoirs de l'humanité affranchie envers le divin Rédempteur.

Il n'est personne, aujourd'hui même, qui songe à nier la mission civilisatrice de l'Eglise dans les siècles passés. Or, nulle part elle ne trouva pour accomplir cette œuvre de plus fidèle appui que dans la nation française. Celle-ci fut en cela fidèle à son origine. Elle avait pris naissance aux fonts baptismaux de Reims. Saint Remi promit à Clovis et à son peuple les plus hautes destinées, tant qu'ils resteraient unis à l'Eglise. C'est ce que nos pères exprimaient par ce vieux quatrain :

« Mariage est de bon devis
» De l'Eglise et des fleurs de lys ;
» Quand l'un de l'autre partira
» Chacun d'eux si s'en sentira. »

Tandis que les autres rois étaient encore

païens, ou que ceux qui avaient reçu le christianisme embrassaient les erreurs d'Arius, les successeurs de Clovis conservèrent la pureté de la religion primitive. Aussi saint Grégoire-le-Grand, dans ses lettres, les appelle-t-il *rois-très-chrétiens*. Ce titre leur est resté dans la suite des siècles, et si l'histoire nous montre la France à la tête des autres nations, c'est qu'elle fut l'instrument de la politique chrétienne qui les avait affranchies.

Les schismes, les hérésies ne furent pas épargnés à l'église, et les réformateurs ne lui manquèrent pas, suscités par Dieu lui-même, pour la relever dans ses moments de défaillance. Mais ce fut moins, il faut bien en convenir, le besoin de l'émancipation des consciences que les intérêts de la politique qui inspirèrent les princes dans leurs luttes contre l'Eglise. — Les princes d'Allemagne, qui les premiers embrassèrent la religion réformée, avaient en vue bien plus la sécularisation de leurs bénéfices que le souci de l'indépendance de l'esprit humain. Qui ne connaît les abjurations successives de l'Electeur de Brandebourg, se faisant calviniste ou luthérien au gré des intérêts de son ambition, et pour servir ses desseins contre la maison de Habsbourg, desseins qu'il était réservé à notre siècle de voir triompher après deux siècles et demi d'habiles et de patients efforts. Henri VIII, de son côté, alors que la France venait de sortir victorieuse de la lutte gigantesque dont l'enjeu était l'influence sur les peuples de l'Occident, en cherchant à rompre l'harmonie des nations catholiques et en fondant l'Eglise anglicane, obéissait à la fois aux sentiments de rivalité du peuple anglais contre la France et aux entraînements de ses passions personnelles, qui ne voulaient d'autre régulateur de ses mœurs que lui-même. Et qui ne sait, qu'en France même, les nouvelles doctrines recrutèrent leurs plus nombreux adpetes dans la noblesse, disputant contre le pouvoir royal les droits de la féodalité expirante, et profitant du souffle de révolte répandu sur le monde, pour tenir en échec l'autorité grandissante de la monarchie qui détruisait le servage et avait affranchi les communes? — Les temps ne sont assurément plus les mêmes; mais qui donc, malgré la différence des mœurs et les notables changements survenus dans la constitution intérieure des empires, oserait conseiller à la France la désertion de sa politique traditionnelle? Si elle refusait plus longtemps de garder la tête des nations catholiques, qui ferait contre-poids aux envahissements incessants des peuples du Nord, attirés vers le soleil du midi, et disposés à régénérer, comme ils se vantent de le faire, les races latines, dont ils envient la civilisation, tout en les prétendant abatardies. Ecoutez ce que disait hier encore la *Gazette de l'Allemagne du Nord*, cet organe personnel de M. le chancelier du nouvel empire. Il répond à ce qu'elle appelle : *Les Rêves de l'Alliance franco-russe* :

« La Russie et nous, alliés à l'Autriche et à l'Angleterre, nous avons affranchi l'Europe de la malédiction de la suprématie française. »

La malédiction de notre suprématie! Est-ce ainsi qu'on l'eût jamais appelée dans les siècles passés, alors que, sous la conduite de nos rois, nous tracions devant l'Europe et le monde entier, le sillon lumineux de la civilisation chrétienne, au lieu de souffler sur les peuples l'esprit de révolte et d'ébranler jusque dans ses fondements le principe de l'autorité, dont la chute ne peut que replonger le monde dans la barbarie?

De ce que les rois de France, fidèles aux traditions d'une politique séculaire, s'honoraient d'être le bras droit de l'Eglise, de ce que Pépin et Charlemagne avaient fait des premiers Evêques de la chrétienté des rois et des souverains temporels, s'ensuit-il qu'ils aient jamais abdiqué devant cette nouvelle puissance les droits de leur souveraineté, et que les fils aînés de l'Eglise aient jamais toléré son ingérence dans le gouvernement intérieur de leurs états? Les exemples d'excès de la politique temporelle des successeurs de saint Boniface ne manquent assurément pas dans l'histoire, mais jamais ils n'ont entamé l'indépendance de nos rois. Les souvenirs de Charles VII, de Louis XII, de François Ier, de Louis XIV, résistant, luttant contre la politique ultramontaine, se présentent ici en foule à l'esprit, et saint Louis lui-même ne démérita pas aux yeux de l'Eglise pour avoir maintenu les droits de la couronne contre les entreprises de la cour de Rome. Richelieu, au lendemain de son élévation à la dignité de cardinal, n'hésitait pas à envoyer des troupes pour obliger le Pape à sortir de la Valteline.

« Cardinal, dit-il dans son testament, j'ai aimé l'Eglise romaine comme une mère, et l'Eglise de France comme une fille. Nourrisson de l'une, patron de l'autre, j'ai voulu défendre les droits de la première, les priviléges de la seconde. Je savais ce que la France devait à Rome, ce que Rome devait à la France ; c'est un amour mutuel et un échange de bienfaits; j'ai servi toutes deux quand j'ai servi l'une d'elles, car Rome s'accroît de tout ce qui accroît la France. »

Il ajoute plus loin, et avec quelle tristesse ne relit-on pas ces glorieuses paroles, en un temps qui vit s'écrouler en quelques heures cette œuvre des siècles accomplie par le grand ministre :

« Ce fut l'objet de mon ministère de rendre à la France les limites que lui a données la nature ; de rendre à des Français (Ah! nos pauvres frères d'Alsace!) un roi Français, de confondre la Gaule et la France, et partout où avait été la Gaule antique, de rétablir la France nouvelle. »

Hélas ! que nous sommes loin de ces temps!

La France nouvelle n'est plus la Gaule antique, et le Pape n'a plus d'armée à chasser de la Valteline !

Comme il sied bien en ce moment de parler des empiétements d'une puissance qui expire captive entre les murailles étroites de Saint-Jean-de-Latran !

Et cependant on appréhende, dit-on, la dévotion de M. le comte de Chambord au Saint-Siége.

Que de tous les titres transmis par ses ancêtres, M. le comte de Chambord place au premier rang celui de Roi Très-Chrétien, c'est là l'espoir de bien des cœurs. Mais qu'il veuille se faire de l'Eglise un instrument de règne, qu'il subordonne ses devoirs de roi, si jamais il pouvait y avoir opposition entre eux, à son attachement filial au Saint-Siége, que les sentiments d'une piété salutaire et éclairée puissent jamais menacer l'indépendance de sa politique et compromettre la liberté de conscience et la liberté religieuse, c'est ce que peuvent craindre ceux-là seuls qui se complaisent dans les préjugés et qui n'ont jamais voulu connaître les sentiments véritables du prince.

« Nul doute, écrivait-il le 29 mai 1857,
» que je ne sois disposé à laisser à l'Eglise la
» liberté qui lui appartient et qui lui est
» nécessaire pour le gouvernement et l'admi-
» nistration des choses spirituelles, et à m'en-
» tendre constamment pour cela avec le
» Saint-Père. Mais, de leur côté, les évêques
» et tous les membres du clergé ne sauraient
» éviter avec trop de soin de mêler la poli-
» tique à l'exercice de leur ministère sacré,
» et de s'immiscer dans les affaires qui sont
» du ressort de l'autorité temporelle ; ce qui
» n'est pas moins contraire à la dignité et
» aux intérêts de la religion elle-même qu'au
» bien de l'Etat. »

En 1859, M. de Cherrier, membre de l'Académie des inscriptions et belles lettres, avait fait hommage au prince de son *Histoire de la lutte des papes avec les empereurs de la maison de Souabe.* M. le comte de Chambord l'en remerciait le 26 mars de cette même année et lui disait :

« Que d'enseignements salutaires nous
» offre l'histoire de ces luttes dont le passé
» nous a transmis le souvenir! Pleine liberté
» de l'Eglise pour les choses spirituelles, in-
» dépendance souveraine de l'Etat dans les
» choses temporelles, parfait accord de l'une
» et de l'autre dans les questions mixtes, tels
» sont les principes qui, au sein des sociétés
» chrétiennes, doivent, aujourd'hui plus que
» jamais, régler les rapports des deux puis-
» sances pour le bien de la religion et le bon-
» heur des peuples. Espérons que le temps
» n'est pas éloigné où l'application sincère
» de ces grandes et sages maximes au gou-
» vernement des affaires humaines ouvrira
» au monde une ère nouvelle de prospérité,
» de calme et de véritable progrès. »

Pleine liberté de l'Eglise dans les choses spirituelles, indépendance souveraine de l'Etat dans les choses temporelles, accord des deux puissances dans les questions mixtes !

Quel est l'esprit vraiment libéral qui ne

souscrirait à un pareil programme? Où trouver une formule qui résume en quelques mots avec plus de bonheur dans l'expression, de justesse dans l'idée, la règle de conduite si difficile à suivre dans une matière aussi délicate?

Il est sans doute un des côtés de cette importante question sur laquelle M. le comte de Chambord s'est prononcé avec une loyauté et une netteté qui sont les qualités dominantes de son caractère. Je veux parler du pouvoir temporel du Pape.

« On dit, a-t-il déclaré dans sa célèbre
» lettre du 8 mai 1871, que l'indépendance
» de la papauté m'est chère et que je suis
» résolu à lui obtenir d'efficaces garanties.
» On dit vrai.

» La liberté de l'Eglise est la première
» condition de la paix des esprits et de
» l'ordre dans le monde. Protéger le Saint-
» Siége fut toujours l'honneur de notre patrie
» et la cause la plus incontestable de sa gran-
» deur parmi les nations. Ce n'est qu'aux
» époques de ses plus grands malheurs que

» la France a abandonné ce glorieux patro-
» nage. »

Le prince n'avait pas attendu ces derniers temps pour faire connaître sa pensée.

En 1849, le duc de Reggio, à la tête des armées françaises venait de restituer la ville des apôtres à celui qui avait hérité de leur divine mission. C'est la seule fois que le prince se soit cru permis, depuis qu'il est en exil, de parler comme s'il était sur le trône :

« *Mon cousin,* » écrivit-il le 15 septembre 1849 au général Oudinot (*mon cousin!* c'est l'appellation dont les rois de France honorent les maréchaux), « comme Fran-
» çais, comme fils aîné de l'Eglise, je ne pou-
» vais rester étranger au grand fait d'armes
» que vous venez d'accomplir... Votre épée a
» été digne de celle de votre père, du guer-
» rier de Zurich, de Friedland et de Wa-
» gram... »

On se rappelle que le général présidait plus tard la réunion des députés chassés du corps législatif et réfugiés à la mairie du Xme arrondissement, dans cette mémorable séance où l'on prononçait la déchéance du président de la République, qui était en train de se faire Empereur. Aussi était-ce, quelques jours après, au général Vaillant, commandant de l'artillerie à Rome sous les ordres du duc de Reggio, qu'était décerné le bâton de maréchal de France.

Plus tard, après la funeste campagne d'Italie qui prépara Sadowa et les malheurs de notre patrie, alors que tant d'écrivains éminents défendaient les droits du Saint-Siége, M. le comte de Chambord ne leur ménagea ni les encouragements, ni les témoignages de son admiration reconnaissante.

« Vous venez, » écrit-il à M. Villemain, secrétaire perpétuel de l'Académie française, « de rendre à la religion et à la société un
» service dont, pour ma part, j'éprouve le
» besoin de vous remercier. Une politique
» ténébreuse a cru le sens moral assez affai-
» bli et l'opinion suffisamment comprimée,
» pour pouvoir impunément, sous une vaine

» apparence de zèle et une feinte douceur,
» justifier, encourager, favoriser, après avoir
» formellement promis de l'empêcher, une
» spoliation dont la conséquence inévitable
» serait de mettre bientôt partout la force à
» la place du droit. En effet, quelle posses-
» sion plus antique, plus légitime, plus di-
» gne par sa faiblesse même de tous les res-
» pects, plus souvent garantie par les traités,
» plus universellement proclamée nécessaire
» au repos du monde, que le domaine tem-
» porel de la papauté? Comment ne pas re-
» connaître, dans cette œuvre des siècles, une
» disposition de la Providence, qui a voulu
» assurer par là au chef de l'Eglise, source
» principale et centre vénéré de la civilisation
» chrétienne, l'indépendance spirituelle dont
» il a besoin pour remplir sa sainte et salu-
» taire mission? Qui ne comprend qu'annu-
» ler un droit si sacré, c'est annuler tous les
» droits, que dépouiller le souverain dans la
» personne du successeur de saint Pierre,
» c'est menacer tous les souverains, et que
» renverser son trône dix fois séculaire, c'est
» saper le fondement de tous les trônes? »

Les mêmes protestations éclatent dans les lettres du prince au général de Lamoricière, à M. de Riancey, à M. l'évêque d'Orléans, à Charrette.

Voltaire, dans son *Essai sur les mœurs*, écrivait :

« *Le temps a donné au Saint-Siége des droits aussi réels sur ses Etats que les autres souverains de l'Europe en ont sur les leurs.* »

Dans son remarquable rapport au sujet des suppléments de crédits pour l'expédition de Rome, résolue et accomplie en 1849, M. Thiers disait :

« Sans l'autorité du Souverain-Pontife, l'unité catholique se dissoudrait ; sans cette unité, le catholicisme périrait au milieu des sectes ; et le monde moral, déjà si fortement ébranlé, serait bouleversé de fond en comble.

» Mais l'unité catholique, qui exige une certaine soumission religieuse de la part des nations chrétiennes, serait inacceptable, si le Pontife qui en est le dépositaire n'était complétement indépendant, si, au milieu du territoire que les siècles lui ont assigné, que toutes les nations lui ont maintenu, un autre souverain, prince ou peuple, s'élevait pour lui dicter des lois. *Pour le Pontificat, il n'y a d'indépendance que la souveraineté même.* C'est là un intérêt de premier ordre qui doit faire taire les intérêts particuliers des nations, comme dans un état l'intérêt public fait taire les intérêts individuels. »

Qui pourrait, après cela, faire un reproche sérieux au descendant de Saint Louis de préférer sur une pareille question l'opinion de Voltaire et de M. le Président de la République actuelle à celle des journaux le *Siècle* et les *Débats* ?

Est-il bien certain, après tout, qu'il soit en cela si fort en désaccord avec la majorité du peuple français? Alors même qu'il en serait ainsi, quelle raison de craindre que ses sentiments particuliers le portassent jamais, lui sur le trône, à jeter le pays dans des entreprises aventureuses, fatales à la paix de l'Europe? La violence et la force n'ont jamais fondé rien de stable en ce monde. Personne ne l'ignore moins que lui, et ce n'est ni dans les traditions de sa famille, ni dans les dispositions bien connues de son caractère qu'il trouverait des excitations dont le repos, si nécessaire à la France, aurait à souffrir. Ne serait-il pas contenu d'ailleurs par la volonté nationale et le respect qu'il n'a cessé de professer pour le gouvernement libre du pays par le pays!

VI.

LES OUVRIERS ET LA QUESTION SOCIALE.

Il y a près d'un siècle que les corporations, qui unissaient entre eux les artisans, les patrons et les ouvriers, ont disparu.

Dès les premières années de son règne, Louis XVI, *un de nos rois qui ont le plus aimé le peuple*, proclamait, sous l'inspiration de Turgot, que le droit au travail était la première des propriétés de l'homme.

« Nous devons, disait-il dans son mémo-
» rable édit du mois de février 1775, à tous
» nos sujets de leur assurer la jouissance
» pleine et entière de leurs droits, nous de-
» vons surtout cette protection à cette classe
» d'hommes qui, n'ayant de propriété que
» leur travail et leur industrie, ont d'autant

» plus le besoin et le droit d'employer dans
» toute leur étendue les seules ressources
» qu'ils aient pour subsister. »

. . . .

« Dieu, en donnant à l'homme des besoins,
» en lui rendant nécessaire la ressource du
» travail, a fait du droit de travailler la
» propriété de tout homme ; et cette propriété
» est la première, la plus sacrée et la plus
» imprescriptible de toutes.

» Nous regardons, ajoutait-il, comme un
» des premiers devoirs de notre justice et
» comme un des actes les plus dignes
» de notre bienfaisance, d'affranchir nos
» sujets de toutes les atteintes portées à
» ce droit inaliénable de l'humanité. Nous
» voulons en conséquence abroger ces insti-
» tutions arbitraires qui ne permettent pas
» à l'indigent de vivre de son travail, qui
» repoussent un sexe à qui sa faiblesse a
» donné plus de besoins et moins de ressour-
» ces, et semble, en le condamnant à une
» misère inévitable, seconder la séduction et
» la débauche..... »

Et à titre de joyeux avénement, il soumettait à une révision générale les priviléges accordés aux corporations, aux jurandes et aux maîtrises par ses prédécesseurs et se réservait d'en refuser la confirmation, s'il les jugeait nuisibles au bien de l'Etat et contraires aux droits de ses autres sujets.

Quelques mois plus tard, le roi, touché des réclamations élevées de toutes parts et effrayé des difficultés opposées à l'exécution de son édit, en rapportait les prescriptions principales, dans ce qu'elles paraissaient alors avoir d'excessif. Il déclarait toutefois persister dans sa résolution de détruire les abus :

« Le but qu'il faut atteindre, disait-il dans
» son ordonnance du mois d'août 1776, est
» de conserver dans le régime des corps et
» communautés, les règles à la faveur des-
» quelles la discipline intérieure et l'autorité
» domestique des maîtres sur les ouvriers
» fussent maintenues sans priver le commerce,
» les talents et l'industrie des avantages at-
» tachés à *la liberté, seule source de l'ému-*
» *lation, de la concurrence et du progrès.* »

La révolution n'éprouva pas les mêmes scrupules ; et là, comme partout, au lieu d'émonder l'arbre de ses branches parasites ou vermoulues, elle porta la cognée à sa souche et le jeta bas. La loi de 1791, en décrétant la liberté illimitée de l'industrie et en prohibant le droit de s'associer et se réunir en corps d'état pour se concerter, se soutenir et se défendre, inaugura tout un système nouveau d'économie politique et sociale.

Depuis cette époque, le prodigieux développement de l'industrie et du commerce, l'accroissement progressif de la production sous le rapport de la qualité, de la quantité et du prix, la rapidité des fortunes acquises, témoignent assez haut de la fécondité du principe de la liberté en cette matière, pour qu'on puisse jamais songer à revenir aux anciennes barrières heureusement renversées. Mais à côté de la question indiscutable et résolue de la liberté du commerce et de l'industrie, sont venues se placer celle de l'amélioration matérielle et morale du sort des ouvriers, et celle de l'antagonisme du capital et du travail, questions chaque jour plus graves, et qui menacent de plus en plus non-seulement l'ordre politique, mais l'ordre social tout entier. Elles se sont produites successivement, mais n'en font qu'une seule en ce moment, tant elles sont liées intimement entre elles, l'une étant née de l'autre. Aussi que les socialistes et les communistes ne s'y trompent pas, l'influence de leurs paradoxes serait bien peu redoutable, si leurs doctrines insensées ne spéculaient sur la misère. Otez le paupérisme, et toutes les sectes à l'instant même s'évanouissent.

Or, à côté des magnifiques résultats de l'industrie et du commerce, on ne peut se dissimuler que l'amélioration des classes ouvrières est loin d'avoir suivi le même développement Loin de là, leur misère n'a fait que s'accroître à mesure que s'affaiblissait leur résignation à la supporter. Elle a même suivi comme une progression inverse, et l'on ne peut sans douleur et sans effroi, consulter les statistiques accusant pour la population indigente une proportion d'un vingtième sur la population totale du pays. Dans certaines villes, cette proportion atteint même le chiffre énorme d'un sixième. Et par une conséquence fatale, avec la misère se sont développés, chez le plus grand nombre, l'abrutissement moral et la dégénérescence physique.

Les causes d'un tel état de choses, si dé-déplorable au point de vue de l'humanité, si inquiétant au point de vue de la paix et de la prospérité publiques, sont évidemment multiples. Sans les attribuer exclusivement à l'isolement dans lequel la suppression des corporations a placé les ouvriers, soit les uns vis-à-vis des autres, soit vis-à-vis de leurs patrons, on ne peut nier toutefois qu'il y ait là, économiquement et socialement, un des grands périls de notre époque. Rien n'est plus urgent, dans l'état des sociétés modernes, que d'y apporter un prompt et énergique remède.

Réunis autrefois en *confréries* pour les besoins religieux qui occupaient une grande place dans la vie de chacun, et en *corps de métiers* pour les besoins de la vie matérielle, les ouvriers trouvaient dans les liens qui les unissaient une protection et une force contre la misère et ses découragements. L'isolement les a livrés sans défense aux plus dangereuses excitations.

Les merveilleuses découvertes de la science, en venant substituer aux bras de l'homme une force d'une puissance incomparable, ont achevé de modifier profondément les conditions de leur existence. C'est ainsi que les petits ateliers ont disparu pour faire place à de grandes usines. Là, agglomérés et sans le frein moral que la foi religieuse imposait jadis à leurs passions, ils s'excitent entre eux à l'envie, puis à la haine de leurs patrons.

En même temps qu'ils sont placés dans un contact pernicieux de toutes les heures les uns avec les autres, ils deviennent de plus en plus étrangers à ceux qui les emploient. Autrefois, un industriel, un fabricant occupait quinze ou vingt ouvriers, il travaillait avec eux, il les connaissait tous et en était connu. Il n'était indifférent à aucune de leurs joies, insensible à aucune de leurs souffrances. Tout atelier composait comme une famille dont le patron était le père, le conseiller et le soutien dans les moments difficiles. Chaque ouvrier travaillait avec l'espoir de devenir patron à son tour, et son courage était soutenu par la pensée que, s'il restait en chemin, sa femme et ses enfants ne resteraient pas sans appui et sans secours.

Le travail, d'un autre côté, était rarement

sans attrait. L'habileté de la main-d'œuvre créait des supériorités auxquelles chacun pouvait prétendre. Dans chaque branche d'industrie, — ce qui nous reste des siècles passés en fait foi, — le sentiment de l'art animait les moindres travaux. Aujourd'hui, le labeur purement mécanique sous lequel sont courbés l'esprit et le corps de l'ouvrier, ne comporte plus qu'un effort qui exclut toute idée d'art et qui laisse l'intelligence de côté.

D'autre part encore, au lieu de travailler chez lui, sur son métier, en présence et en compagnie de sa femme et de ses enfants, l'ouvrier quitte le matin son domicile pour n'y rentrer que le soir. Dans les heures de repos, loin de son domicile, loin des siens, il trouve des distractions et contracte des habitudes qui concourent à éteindre en lui les sentiments de la famille. La femme elle-même, pour ajouter à l'insuffisance du salaire du mari sur lequel trop souvent l'amour des plaisirs et la fréquentation du cabaret prélèvent jusqu'au nécessaire de la famille, se voit forcée d'aller s'enfermer dans un atelier différent de celui du mari, abandonnant le soin de ses enfants à la crèche et à la salle d'asile. Les pauvres enfants, à leur tour, dès que leurs mains peuvent rendre quelques services à l'industrie, à un âge où le développement de leur force physique et leur instruction morale exigeraient le grand air, la liberté des jeux, les enseignements de l'église et de l'école, vont s'entasser dans des ateliers la plupart du temps rendus insalubres par la température qu'exige la manutention des matières en fabrication et par le nombre des personnes qui les fréquentent. L'esprit y trouve autant de débilitant que le corps ; et le soir, tandis que le père et la mère s'attardent, le premier au cabaret et la seconde dans des rencontres plus funestes encore, les enfants vaguent sans surveillance sur les places, dans les rues et les promenades publiques. Ils s'y livrent à la mendicité, s'y apprennent au maraudage et au vol, et y contractent de bonne heure les plus déplorables habitudes de débauche et de vagabondage.

Il serait injuste de méconnaître les efforts tentés depuis près de cinquante ans par les divers gouvernements qui se sont succédé, pour apporter des adoucissements à un état de choses aussi lamentable. Le soin de leur conservation en même temps que le désir de bien faire, qui est la première inspiration de tous ceux qui prennent en main les affaires de leur pays, leur en faisaient un devoir. Aucun ne l'a méconnu. Mais ces efforts, il faut le reconnaître aussi, n'ont abouti qu'à accuser davantage la stérilité et l'impuissance de l'individualisme substitué au principe si fécond de l'association. Les caisses d'épargne, les tontines, les caisses de retraite, les asiles pour la vieillesse, les dépôts de mendicité, les cités ouvrières, les sociétés de secours mutuels, et toutes les institutions de la bienfaisance et de la charité légales n'ont apporté au mal que des palliatifs insuffisants. Le second Empire a cru mieux faire que ses devanciers en voulant organiser lui-même les associations de secours et de retraite, en plaçant à leur tête des présidents nommés par le souverain. Ceux-ci, étrangers aux corps d'état qu'ils avaient pour mission de diriger, tenus par eux en état de suspicion, ignorants, sinon insouciants des besoins, des usages et des procédés de leurs co-sociétaires, n'ont pu arrêter les progrès d'un antagonisme qui n'a pas tardé à pousser ces derniers dans une voie d'hostilité et de guerre ouverte contre la société tout entière. On dit même que ce gouvernement, désirant s'en faire une arme contre la bourgeoisie désaffectionnée, aurait favorisé, —aveugle et coupable imprudence!—le développement de cette association internationale qui, en facilitant leurs luttes, allait rendre plus irréconciliables le capital et le travail. Il a ainsi légalisé les excès et les abus de la résistance, en armant les ouvriers du droit redoutable de coalition. Aussi, pour qui veut voir les choses froidement et de près, cette industrie, si prospère encore en ce moment, est à deux pas de l'abîme. Le canon pourra bien une fois encore refouler le triomphe des sectaires, mais la force et la violence n'ont que des succès passagers. C'est à la racine du mal qu'il faut porter le remède, et tant que subsisteront les causes de la révolte, le danger réapparaîtra à des périodes chaque fois plus rapprochées, et la révolte finira par vaincre. Ce sera une nouvelle barbarie, ou le retour aux sociétés primitives.

Un si grave sujet ne pouvait manquer de frapper l'attention et de commander aux méditations d'un prince que la grandeur de sa naissance, le sentiment de ses devoirs et les traditions de sa famille vouaient forcément pendant un long et laborieux exil, aux plus patientes comme aux plus fructueuses études.

Ce n'est pas en effet d'hier, que M. le comte de Chambord a provoqué sur cette question l'étude de ses amis et appelé à lui les conseils et les opinions de tous les penseurs et de tous les politiques.

Le 11 octobre 1844, il écrivait à M. le vicomte du Bouchage, membre de la Chambre des pairs :

« Je profite d'une occasion sûre pour vous
» remercier des deux mémoires que vous m'a-
» vez envoyés. Je les ai lus avec d'autant plus
» d'intérêt et d'attention que je m'occupe
» moi-même de ces graves et importantes
» questions, qui doivent exercer dans l'ave-
» nir une si grande influence sur la destinée
» des nations. Je regarde comme un devoir
» d'étudier dès à présent tout ce qui se rat-
» tache à l'organisation du travail et à l'a-

» mélioration du sort des classes laborieuses.
» Quels que soient les desseins de la Providence sur moi, je n'oublierai jamais que le grand roi Henri IV, mon aïeul, a laissé à tous ses descendants l'exemple et le devoir d'aimer le peuple. *C'est là un héritage qui ne peut m'être enlevé*, et mes amis ne sauraient me rendre un meilleur service que de faire connaître ces sentiments qui sont dans mon cœur. »

Au mois d'août 1849, le prince s'était rendu à Wiesbaden, où tant de Français, et parmi eux un grand nombre d'ouvriers, vinrent s'incliner devant le proscrit. En remerciant les ouvriers de Paris de leur démarche, il leur disait :

« 25 août 1849.

» C'est avec l'émotion la plus vive que j'ai reçu le témoignage qui m'a été offert par les ouvriers de tous les états de la ville de Paris. J'ai été profondément touché de voir leurs délégués venir me trouver sur la terre étrangère, et je les charge d'être auprès de leurs camarades les interprètes de ma gratitude et de mon affection.

» Apprendre que mon nom est prononcé avec » sympathie dans mon pays, dans ma ville » natale, c'est la plus grande consolation que » je puisse recevoir dans l'exil !

» En parcourant les listes nombreuses qui » m'ont été apportées, j'ai été heureux et » fier de compter tant d'amis dans les classes » laborieuses. *Etudiant sans cesse les moyens* » *de leur être utile,* je connais leurs besoins, » leurs souffrances, et mon regret le plus » grand est que mon éloignement de la pa- » trie me prive du bonheur de leur venir en » aide et d'améliorer leur sort. Mais un jour » viendra, c'est mon espoir le plus cher, un » jour viendra où il me sera donné de servir » la France et de mériter son amour et sa con- » fiance. »

Le 26 mars précédent, au sujet d'un prospectus d'association que M. de la Rochejaquelein voulait fonder au profit des classes ouvrières, il lui envoyait son offrande en le félicitant *de la noble et généreuse pensée qu'il avait conçue et à laquelle il s'unissait du fond du cœur.*

Le 16 novembre de la même année, il écrivait à M. Benoist-d'Azy, député du Gard :

« C'est, comme vous le dites si bien, c'est
» en revenant aux vrais principes de la cha-
» rité chrétienne, c'est en ranimant au sein
» des classes pauvres cet esprit de famille, qui
» tend à s'éteindre, que l'on peut arriver
» enfin à la solution du grand problème qui
» préoccupe aujourd'hui avec tant de raison
» tous les bons esprits et tous les cœurs gé-
» néreux. Pour moi, toujours attentif à tout
» ce qui peut assurer l'avenir du pays, je
» suis charmé de voir mes amis prendre en
» main la cause des malheureux, et chercher
» tous les moyens d'améliorer leur sort sans
» les flatter cependant d'espérances trompeu-
» ses. »

Dans une lettre du 12 mars 1855, où il traitait des plus graves questions qui occupaient alors ses généreuses pensées, il s'écriait :

« Quant aux associations ouvrières, elles
» ont pris, depuis plusieurs années, un déve-
» loppement qui n'a point échappé à mon

» attention. En se formant dans des idées
» d'ordre, de moralité, d'assistance mutuelle,
» en régularisant leur existence sous l'auto-
» rité tutélaire des lois, et en évitant, avec
» les abus du monopole qui, à une autre épo-
» que, amenèrent la suppression des anciens
» corps de métiers, tout ce qui pourrait en
» faire des instruments de troubles et de ré-
» volutions, ces associations constitueront de
» plus en plus des intérêts collectifs sérieux,
» qui auront naturellement droit à être re-
» présentés et entendus pour pouvoir être effi-
» cacement protégés. Du reste, ces intérêts et
» toutes les questions qui s'y rapportent ont
» été, dans tous les temps, mes amis le savent
» bien, l'un des principaux objets de mes
» méditations, et vous ne pouvez douter que
» mes plus vives sympathies ne soient acqui-
» ses d'avance à tout ce qui tendra à l'amé-
» lioration du sort des classes laborieuses. »

En 1860, le 31 mars, il écrivait à M. Casimir Périer :

« Je veux vous remercier moi-même, Mon-
» sieur, de l'envoi de votre excellent écrit
» sur une grave question récemment soulevée

» par un acte du pouvoir, qui menace de
» jeter dans plusieurs branches importantes
» de l'industrie nationale et dans la condi-
» tion des classes ouvrières une perturbation
» profonde. L'expérience du passé n'avait
» déjà que trop démontré que le propre des
» gouvernements issus d'une pareille origine,
» surtout *quand ils ont réussi à s'affranchir*
» *de tout contrôle sérieux*, est de ne prendre
» conseil que des besoins du moment et de sa-
» crifier toujours aux nécessités changeantes
» de leur politique personnelle les intérêts
» véritables et permanents du pays. »

Enfin, le 20 avril 1865, paraissait cette admirable lettre que plusieurs journaux ont reproduite dans ces derniers temps, qu'on ne saurait trop relire, et après laquelle il convient de ne rien ajouter :

. . . .

« La royauté a toujours été la patrone des
» classes ouvrières. Les établissements de
» saint Louis, les règlements des métiers, le
» système des corporations en sont des preu-
» ves manifestes. C'est sous cet égide que
» l'industrie française a grandi et qu'elle

» est parvenue à un degré de prospérité et
» de juste renommée qui en, 1789, ne l'a lais-
» sée inférieure à aucune autre.

» Qu'avec le temps et à la longue les ins-
» titutions aient dégénéré, que des abus s'y
» soient introduits, c'est ce que personne ne
» conteste.

» Louis XVI, un de nos rois qui ont le
» plus aimé le peuple, avait porté ses vues
» sur les améliorations nécessaires ; mais les
» économistes qu'il consulta servirent mal
» ses intentions paternelles, et tous leurs plans
» échouèrent.

» L'Assemblée constituante ne se contenta
» pas, ainsi que l'avaient demandé les cahiers,
» de donner plus de liberté à l'industrie, au
» commerce et au travail, elle renversa tou-
» tes les barrières, et au lieu de dégager les
» associations des entraves qui les gênaient,
» elle prohiba jusqu'au droit de réunion, et
» à la faculté de concert et d'entente. Les *ju-*
» *randes* et les *maîtrises* disparurent. La
» liberté du travail fut proclamée, mais la
» liberté fut détruite du même coup. *De là*
» *cet individualisme dont l'ouvrier est en-*
» *core aujourd'hui la victime.* Condamné à

» être seul, la loi le frappe, s'il veut s'entendre » avec ses compagnons, s'il veut former pour » se défendre, pour se protéger, pour se faire » représenter, une de ces unions qui sont le » droit naturel, que commande la force des » choses, et que la société devrait encourager » en les réglant.

» Aussi cet isolement contre nature n'a pu » durer. Malgré les lois, des associations, » des compagnonnages, des corporations se » sont ou rétablies ou maintenues. On les a » poursuivies, on n'a pu les anéantir. On n'a » réussi qu'à les forcer de se réfugier dans » l'ombre du mystère, et l'individualisme » proscrit a produit les sociétés secrètes, » double péril dont soixante ans d'expérience » ont révélé toute l'étendue.

» L'individu, demeuré sans bouclier pour ses » intérêts, a été de plus livré en proie à une » concurrence sans limites, contre laquelle il » n'a eu d'autre ressource que la coalition » et les grèves. Jusqu'à l'année dernière ces » coalitions étaient passibles de peines sévè- » res, qui tombaient la plupart du temps sur » les ouvriers les plus capables et les plus » honnêtes, que la confiance de leurs cama-

» rades avait choisis comme chefs ou comme
» mandataires. C'était un tort, on crut le
» faire cesser en autorisant légalement la coa-
» lition, qui de délit la veille est devenue,
» le lendemain, un droit, faute d'autant plus
» grave qu'on a négligé d'ajouter à ce droit
» ce qui aurait servi à en éclairer la pra-
» tique.

» En même temps se constituait par le dé-
» veloppement de la prospérité publique une
» espèce de *privilége industriel* qui, tenant
» dans ses mains l'existence des ouvriers, se
» trouvait investi d'une sorte de domination
» qui pouvait devenir oppressive et amener
» par contre-coup des crises funestes. Il est
» juste de reconnaître qu'il n'en a pas abusé
» autant qu'il l'aurait pu. Mais, malgré la
» généreuse bienveillance d'un grand nombre
» de chefs d'industrie et le zèle dévoué de
» beaucoup de nobles cœurs, malgré la créa-
» tion des sociétés de secours mutuels, des
» caisses de secours, des caisses d'épargne,
» des caisses de retraite, des œuvres pour le
» logement, pour le service des malades,
» pour l'établissement des écoles dans les
» manufactures, pour la moralisation des di-

» vertissements, pour la réforme du compa-
» gnonnage, pour les soins aux infirmes, aux
» orphelins, aux vieillards, malgré tous les
» efforts de cette charité chrétienne qui est
» particulièrement l'honneur de notre France,
» la protection n'est pas encore suffisamment
» exercée partout et les intérêts moraux et
» matériels des classes ouvrières sont encore
» grandement en souffrance.

» *Voilà le mal,* tel qu'une rapide et in-
» complète esquisse peut en donner l'idée. Il
» est évidemment une menace pour l'ordre
» public. Aussi convient-il avant tout de l'exa-
» miner avec la plus sérieuse attention.

» *Quant aux remèdes*, voici ceux que les
» principes et l'expérience paraissent indi-
» quer :

» *A l'individualisme opposer l'associa-*
» *tion, à la concurrence effrénée le contre-*
» *poids de la défense commune, au privi-*
» *lége industriel la constitution volontaire*
» *et réglée des corporations libres.*

» Il faut rendre aux ouvriers le droit de se
» concerter, en conciliant ce droit avec les
» impérieuses nécessités de la paix publique
» et la concorde entre les citoyens, et du res-

8

» pect des droits de tous. Le seul moyen d'y » parvenir est la liberté d'association sagement » réglée et renfermée dans de justes » bornes. Or il est à remarquer que c'est là » précisément la demande instante par la» quelle se terminent les vœux de tous les » délégués à l'exposition de Londres.

» Ce ne sera, du reste, que la légalisation » légale d'une situation qui, à propos de cette » exposition, s'est révélée tout à coup, à la » grande surprise de l'administration alar» mée, car on a bien été obligé de recon» naître alors que, par le fait, malgré la lé» gislation et contre elle, ces associations » existaient déjà, qu'elles s'étaient reformées » sous l'abri du secret et en dehors de toute » garantie. Les rapports des délégués ont été » publiés, et ils concluent tous à la constitu» tion libre des associations et des syndicats.

» La couleur dont ces rapports sont parfois » empreints, est une raison de plus pour » qu'on s'en occupe, qu'on s'en inquiète et » qu'on cherche à dégager de ce qu'ils ont » de faux et de pernicieux ce qu'ils peuvent » avoir de juste et de vrai.

» En un mot, ce qui est démontré, c'est la

» *nécessité d'associations volontaires et li-*
» *bres des ouvriers pour la défense de leurs*
» *intérêts communs*. Dès lors, il est naturel
» que dans ces associations il se forme, sous
» un nom quelconque, des syndicats, des dé-
» légations, des représentations qui puissent
» entrer en relation avec les patrons, ou syn-
» dicats des patrons, pour régler à l'amiable
» les différends relatifs aux conditions du
» travail, et notamment au salaire. Ici la
» communauté d'intérêts entre les patrons
» et les ouvriers sera une cause de concorde
» et non d'antagonisme. La paix et l'ordre
» sortiront de ces délibérations, où, selon la
» raison et l'expérience, figureront les man-
» dataires les plus capables et les plus conci-
» liants des deux côtés. Une équitable satis-
» faction sera ainsi assurée aux ouvriers, les
» abus de la concurrence seront évités autant
» que possible, et la domination du privilége
» industriel resserrée en d'étroites limites.

» L'autorité publique n'aura rien à crain-
» dre, car, en sauvegardant les droits d'au-
» trui, loin d'abandonner les siens, elle en
» maintiendra au contraire l'exercice avec la
» haute influence, comme avec les moyens

» de force et de précautions qui lui appar-
» tiennent. Toute réunion devra être acces-
» sible aux agents du pouvoir. Aucune ne se
» tiendra sans une déclaration préalable, et
» sans que l'autorité, si elle le juge à propos,
» ait la faculté d'être présente. Les réglements
» devront lui être communiqués, et elle aura
» soin que jamais le but et l'objet des réu-
» nions ne puissent être méconnus ni dé-
» passés. Laissant une entière liberté aux
» débats et aux transactions, elle n'intervien-
» dra qu'amiablement, et à la demande des
» deux parties, pour faciliter leur accord.
» Elle sera toujours en mesure de réprimer
» sévèrement les troubles, les manœuvres et
» les désordres. Des commissions mixtes, des
» syndicats de patrons et d'ouvriers pourront
» se rassembler sous son égide pour entrete-
» nir les bons rapports et prévenir ou vider
» les différends.

» Enfin l'intervention généreuse des parti-
» culiers devra être admise pour venir en
» aide aux ouvriers et pour exercer à leur
» égard en toute indépendance, et avec la
» pleine liberté du bien, les ministères de

» protection et de charité chrétienne men-
» tionnés plus haut.

» En résumé, droit d'association sous la sur-
» veillance de l'Etat et avec le concours de
» cette multitude d'œuvres admirables, fruits
» précieux des vertus évangéliques, tels sont
» les principes qui semblent devoir servir
» efficacement à délier le nœud si compliqué
» de la question ouvrière.

» Qui ne voit d'ailleurs que la constitution
» volontaire et réglée des corporations libres
» deviendrait un des éléments les plus puis-
» sants de l'ordre et de l'harmonie sociale,
» et que ces corporations pourraient entrer
» dans l'organisation de la commune et dans
» les bases de l'électorat et du suffrage? Con-
» sidération qui touche un des points les plus
» graves de la politique de l'avenir.

» En présence surtout des difficultés ac-
» tuelles, ne semble-t-il pas que, fidèle à
» toutes les traditions de son glorieux passé,
» la royauté vraiment chrétienne et vraiment
» française doive faire aujourd'hui, pour l'é-
» mancipation et la prospérité morale et ma-
» térielle des classes ouvrières, ce qu'elle a
» fait en d'autres temps pour l'affranchisse-

» ment des communes? N'est-ce pas à elle
» qu'il appartient d'appeler le peuple du
» travail à jouir de la liberté et de la paix,
» sous la garantie nécessaire de l'autorité,
» sous la tutelle spontanée du dévouement et
» sous les auspices de la charité chré-
» tienne? »

VI

DECENTRALISATION ADMINISTRATIVE,

AGRICULTURE,

COMMERCE, INDUSTRIE.

Il est peu de mots dont on ait plus abusé depuis 1789 que celui de démocratie ; démocratie, c'est-à-dire, dans le sens honnête et vraiment libéral du mot, la participation plus ou moins directe de tous les citoyens à l'administration du pays, et leur accession possible aux charges et aux fonctions publiques. C'est là l'état politique que les réformes de la fin du dernier siècle avaient promis à la France, et vers lequel tendent aujourd'hui encore les espérances et les efforts de tous les hommes éclairés et de tous les cœurs généreux. Malheureusement jusqu'ici ces aspirations n'ont abouti qu'à un rêve, et la faute en est principalement aux funestes conséquences de l'individualisme et de la centralisation, deux créations aussi de la révolution, qui ont paralysé l'effet attendu de ses réformes.

Personne n'a peut-être mieux et plus nettement signalé ces deux écueils que M. le comte de Chambord dans sa correspondance.

Sur l'individualisme, nous avons vu dans sa lettre *sur les ouvriers* la façon large et profonde dont il en sondait les dangers, et avec quelle énergie il conseillait de lui opposer l'action féconde de la liberté d'association. *A la concurrence effrénée*, disait-il, *opposez le contre-poids de la défense commune, au privilége industriel la constitution volontaire et réglée des corporations libres*.

Sur la centralisation, son opinion et ses conseils sont marqués de la même précision et de la même fermeté. Il n'est pas, après l'amélioration du sort des ouvriers, de question qui ait plus vivement et plus passionnément éveillé sa sollicitude.

Un mois avant la chute du gouvernement de 1830, le 22 janvier 1848, alors que l'opinion publique était agitée par le besoin d'élargir le cercle de la fonction électorale, le prince écrivait à M. de Saint-Priest :

« Je vois avec un vif intérêt les efforts qui » sont faits pour obtenir, dès à présent, la » réforme de ces lois injustes qui privent le » plus grand nombre des contribuables de » la participation légitime qui leur appar- » tient dans le vote de l'impôt, et qui, te- » nant sous le joug, par *l'exagération de la* » *centralisation administrative*, les commu- » nes, les villes, les provinces, les associa- » tions diverses, les dépouillent des droits » et des libertés qui leur sont le plus néces- » saires. »

« La *question de la centralisation admi-* » *nistrative*, écrivait-il, le 12 juin 1855, *n'est* » *pas nouvelle pour moi.*

» Elle est depuis longtemps le sujet de » mes préoccupations les plus sérieuses comme » de celles de mes amis. Les convictions à » cet égard sont arrivées à ce point de ma- » turité, que les esprits qui, d'abord, y » étaient le plus opposés reconnaissent au- » jourd'hui la nécessité de modifications

» dans lesquelles la centralisation du pou-
» voir, qu'il serait dangereux d'affaiblir,
» trouverait elle-même de précieux avan-
» tages. »

Le prince attachait une telle importance à cette question, que, le 14 novembre 1862, il publiait un mémoire à consulter sur ce sujet. Il invitait ses amis à en faire l'objet de leurs études. *Vous ne sauriez,* disait-il, *dans les circonstances présentes, rendre à la France un service plus important et plus méritoire que de vous efforcer, par des études pratiques, de préparer les voies à une réforme indispensable, dont le principe est aujourd'hui accepté par les meilleurs esprits, mais dont les avantages sont encore loin d'être appréciés à leur juste valeur par tous ceux qui sont appelés à les recueillir.*

Nous ne pouvons citer en entier ce précieux document, sur lequel nous ne saurions trop inviter les hommes politiques à méditer; mais nous le trouvons résumé dans une nouvelle lettre du 30 janvier 1865, que nous reproduisons dans la partie qui s'y réfère.

C'était à l'occasion d'un article publié dans le *Moniteur universel* du 3 janvier, à la suite du décret de nomination à la vice-présidence du *Conseil privé*. On annonçait que le gouvernement voulait aborder, en se les réservant, trois grandes questions : l'Algérie, la décentralisation et l'enseignement. Le prince les revendique comme faisant en quelque sorte partie de son patrimoine, et il les traite à son tour.

Voici comment il s'exprime sur la décentralisation :

« La décentralisation est une de nos doc-
» trines. Nous avons été les premiers et long-
» temps les seuls à la proclamer et à la sou-
» tenir contre des résistances et des obstacles
» sans nombre. Aujourd'hui elle est acceptée
» partout. Ne la laissons ni confisquer, ni
» fausser. — Déjà, par ma lettre du 14 no-
» vembre 1862, j'appelais particulièrement
» l'attention de tous mes amis sur ce grave
» sujet.

» Je leur disais que, s'il est vrai que l'al-
» liance si désirable de l'autorité et de l'or-
» dre avec la liberté ne peut être fondée

» d'une manière stable et durable que sur
» la base du droit, il est également vrai que
» l'arbitraire corrompt fatalement et finit
» par tuer l'autorité, qui trouve au contraire
» ses garanties et sa force dans les institu-
» tions libres dont elle doit être entourée.
» Et à propos de la question spéciale qui
» nous occupe ici, j'ajoutais qu'un système
» de décentralisation appliqué progressive-
» ment et avec prudence, sans ôter à l'admi-
» nistration l'initiative et la sûreté qu'elle
» doit à la tutelle de l'Etat, aurait d'abord
» l'inappréciable avantage de la rendre plus
» expéditive, plus simple, moins dispen-
» dieuse, plus équitable, parce qu'elle de-
» meurerait étrangère à des combinaisons
» politiques désormais inutiles.

» Je disais encore que la décentralisation
» sagement comprise et loyalement prati-
» quée, en multipliant et en mettant à la
» portée de chacun les occasions d'être utile,
» et de se consacrer selon ses facultés à la
» gestion des intérêts communs, entretien-
» drait au sein de la société et dans les car-
» rières ouvertes à tous, l'émulation du zèle,
» de l'intelligence, du dévouement, que ce

» serait un puissant moyen de régler, d'or-
» ganiser la démocratie qui gagne toujours
» du terrain, et de préserver ainsi l'ordre
» social des dangers dont elle la menace.

» Je disais enfin que la décentralisation
» serait seule capable de donner à la France,
» avec la conscience réfléchie de ses besoins,
» une vie pleine, active, régulière; que seule
» elle pourrait créer les mœurs politiques,
» sans lesquelles les meilleures institutions
» se dégradent et tombent en ruines ; qu'en
» appelant tous les Français à s'occuper
» plus ou moins directement de leurs inté-
» rêts, on verrait se former avec le temps un
» personnel nombreux qui, à l'indépendance
» et à l'intégrité, joindrait l'expérience des
» affaires ; que de là, comme des entrailles
» de la nation, sortiraient des assemblées
» politiques, véritable représentation du
» pays, qui aideraient le gouvernement à
» remplir sa haute mission, en lui appor-
» tant avec leur utile concours un contrôle
» aussi intelligent que dévoué, qui serait une
» force de plus, sans pouvoir être jamais un
» obstacle ou un péril.

» Ce que je disais à mes amis en 1862, je

» le leur répète avec plus d'instance encore » aujourd'hui. L'heure est venue de redou- » bler d'efforts dans la sphère de la publi- » cité, de la persuasion, de l'influence pour » éclairer l'opinion, ouvrir la voie aux so- » lutions favorables, ou du moins conserver » intactes les doctrines qui nous appartien- » nent. Tout ce qui a été tenté jusqu'ici est » à peu près illusoire. C'est un déplacement » d'attributions; ce n'est ni une diminution » d'arbitraire, ni une restitution de libertés.

» Il faut le démontrer et faire voir à la » France que plus que personne nous nous » préoccupons de ses intérêts et de son bon- » heur, et que seuls nous en avons la garde » et le secret. »

Je ne sais si, en transcrivant ces lignes, je me laisse entraîner par mon sujet, mais il me semble impossible d'y trouver un seul mot qui ne soit à admirer. On chercherait en vain dans les plus grands publicistes de notre époque une pareille hauteur de vues, un plus pur patriotisme et une plus profonde intelligence de nos besoins et de nos intérêts.

Que de sujets le prince n'a-t-il pas abordés dans sa volumineuse correspondance, et avec quelle ardeur n'a-t-il fouillé l'étude de toutes les questions qui intéressent son pays! Quel laborieux et quel plus respectable emploi des loisirs de l'exil auquel l'ont condamné ses compatriotes! Le pays, dans sa détresse, peut tout espérer d'une expérience ainsi acquise à l'école du malheur le plus noblement et le plus dignement supporté.

Il ne peut entrer dans le cadre de cet opuscule, — il faudrait pour cela tout un livre, — de prendre une à une toutes les questions sur lesquelles s'est expliqué M. le comte de Chambord disons quelques mots encore des plus essentielles :

L'agriculture joue un rôle considérable dans l'organisation intérieure des Etats, et il n'est pas de profession qui ait été tenue plus haut en estime sous la monarchie. Le mot si populaire de Henri IV avait frappé le prince dès ses plus jeunes années ; aussi, au début même de sa vie d'homme, voulut-il par lui-même et par sa propre expérience pouvoir juger des progrès et de toutes les améliorations utiles dans l'une des branches de l'activité nationale, que Sully appelait *les mamelles de la France.*

Voici près de trente ans déjà, le prince était bien jeune alors, il écrivait à M. le comte de Turenne (27 juillet 1844), *qu'il ne cesserait jamais de recommander à tous ceux qui lui sont restés fidèles, d'habiter le plus possible leurs terres et de hâter par leurs efforts les progrès de la culture.*

Au mois de septembre de la même année, il appelait auprès de lui M. le colonel d'Esclaibes qui, après avoir glorieusement combattu pour la France sur les champs de bataille, la servait encore dans sa retraite en favorisant par ses soins et son exemple les améliorations agricoles. *M'occupant aussi moi-même,* lui dit-il, *autant par goût que par devoir, de tout ce qui se rattache à l'agriculture, cette source véritable de la richesse des nations et du bien-être des classes laborieuses, j'éprouve un grand désir de vous voir et de m'entretenir avec vous.* Il le conviait à venir visiter avec lui les grands établissements que le gouvernement autrichien avait fondés pour l'amélioration des chevaux, *question dont l'importance n'a peut-être pas été appréciée en France jusqu'à ce jour.*

En 1846, il s'occupe des moyens propres à *fournir à bon marché, à la propriété et à l'agriculture, les capitaux qui leur seraient nécessaires et qu'elles ne peuvent se procurer qu'à des conditions ruineuses.* Il recommande les institutions de crédit foncier qui, dans quelques parties de l'Allemagne, fonctionnaient avec profit.

Plus tard, lorsque le gouvernement impérial fit procéder à l'enquête agricole, en 1866, il publie une lettre-circulaire pour engager ses amis à prendre part à cette grande instruction, et à y apporter le tribut loyal de leur expérience.

Frappé en même temps de l'état de souffrance de l'agriculture française, il prend part lui-même à cette enquête par une longue lettre dans laquelle il traite de *l'élève du bétail, de la distillerie et de la culture de la betterave, de celle de la vigne.* Il y examine les causes de souffrance, les remèdes possibles, les moyens d'alléger le fardeau des charges exceptionnelles qui pèsent sur le sol, et ceux d'arrêter la dépopulation toujours croissante des campagnes.

Le commerce et l'industrie, d'un autre côté, n'occupent pas une moindre place dans son esprit et dans sa sollicitude. Il suit avec attention les diverses expositions publiques de l'Europe, et applaudit aux succès de ses compatriotes. En 1861, il étudie avec soin les écrits que lui a fait remettre M. Talabot. Il prie M. le marquis de Montaigu de lui exprimer toute sa gratitude et sa satisfaction.

« Au nombre des questions, lui écrit-il,
» qui doivent être soigneusement examinées,
» l'une des plus graves est celle qui touche
» aux rapports entre la France et l'étranger,
» par conséquent à la prospérité de l'indus-
» trie qui est devenue de nos jours un des
» principaux éléments de la puissance des
» nations. L'absence d'enquêtes sérieuses
» jointe à la précipitation avec laquelle a
» été conclu le dernier traité de commerce,
» prouve assez que pour le pouvoir ce n'é-
» tait pas un but, mais seulement un moyen.
» Des transformations si radicales exigent

» beaucoup de temps, de suite et d'unité de
» vues, sans quoi elles amènent des pertur-
» bations et des souffrances, ce qui dans la
» circonstance présente ne pouvait manquer
» d'arriver. Mais puisque le fait accompli
» ne laisse plus la liberté de l'étude, il fau-
» drait maintenant tenir compte surtout de
» l'opinion des hommes pratiques qui peu-
» vent donner d'utiles conseils. Ainsi les
» efforts devraient se porter aujourd'hui sur
» la question des transports qui, réduits à
» des prix modérés et raisonnables, pour-
» raient, par de sages combinaisons où les
» droits acquis seraient respectés, rétablir
» entre l'industrie étrangère et la nôtre l'é-
» quilibre qui n'existe pas, et sans lequel la
» lutte est impossible. »

VII.

LES PARTIS ET LA FUSION

Les partis sont incorrigibles! C'est M. Thiers qui l'a dit, et M. Thiers s'y connaît.

On a reproché à M. le président de la République d'en avoir trop ou pas assez dit. N'est-ce pas au contraire fort habile? Désigner tous les partis et n'en désigner aucun, nul ne peut s'en offenser, et chacun peut rejeter le blâme sur les autres.

La droite de l'Assemblée nationale paraît toutefois s'en être émue. Est-ce d'un simple soupçon qui pouvait l'atteindre comme tout autre? Se crut-elle plus particulièrement visée? Il est bien difficile de saisir au passage le mobile d'une impression instantanée et comme instinctive. On ne peut que la constater, et elle a été manifeste.

M. Thiers faisait-il allusion au pélérinage d'Anvers, aux réceptions du duc d'Aumale, aux agitations bonapartistes provoquées par le procès Janvier-Delamotte ? On ne le sait : ce qu'il y a de certain, c'est que la gauche a applaudi. Or, si la gauche a applaudi, c'est qu'elle n'a pas cru qu'il fût question d'elle. Elle a dû éprouver quelque surprise de se voir exceptée dans une attaque dirigée contre la turbulence et l'incorrigibilité des partis.

Ce n'est pas que, dans les paroles de M. Thiers, rien doive beaucoup surprendre. On est accoutumé à entendre accuser les partis. Les partis hostiles, les partis oublieux des intérêts du pays pour ne songer qu'à la satisfaction de leurs rancunes et au triomphe de leurs idées ! Quel thème mieux approprié à la défense des pouvoirs établis ! C'est si facile, si naturel, dès qu'on est arrivé, de jeter la pierre à ceux qu'on a devancés dans la carrière, comme à ceux qu'on est parvenu à jeter bas et dont on a pris la place ! Un peu de mémoire et un léger retour sur soi-même conseilleraient plus de réserve et d'indulgence. Mais il ne faut demander aux partis ni modération, ni impartialité ; sans cela, ils ne seraient plus des partis.

Nul n'a reproduit avec plus de satisfaction et commenté avec plus d'insistance les paroles du chef du pouvoir actuel, que le parti républicain. Ses journaux les ont entonnées comme un chant de triomphe, ils en ont forgé des flèches, décochées avec grâce et malice à tous ceux qui les entourent. Ce haro jeté sur les partis par celui qui se vante d'être en ce moment la France tout entière, a quelque chose à la fois de naïf et de burlesque : non pas certes que les républicains ne puissent avoir leur heure et même leur jour, cela s'est déjà vu et se voit encore ; non pas même que le pays, à bout d'expériences, comme ils le disent, ne puisse se jeter résolument et courageusement dans leurs bras, — nous ne discutons ni leurs titres, ni leurs chances, — mais enfin il ne faudrait oublier ni l'heure à laquelle nous sommes, ni le régime sous lequel nous vivons.

Que la Restauration, — son nom seul l'y invitait, — ait pu croire représenter la France telle qu'elle était sortie du travail des siècles, que le gouvernement de Juillet appuyé sur la majorité de la classe moyenne qui gouvernait seule à cette époque, que la République de 1848 proclamée par une Assemblée constituante investie d'un mandat spécial, que le second Empire amnistié des surprises et des violences de ses coups d'Etat par des plébiscites imposants, se soient considérés comme le pays lui-même et aient traité de parti tout ce qui ne se ralliait pas à eux, cela s'explique. Ils étaient dans la vérité légale, et l'illusion en tous cas leur était permise. Mais à l'heure où nous sommes, M. le Président du pouvoir exécutif n'a pris le titre de Président de la République française que *jusqu'à l'établissement des institutions définitives du pays et afin que nos institutions provisoires*, — ce sont les termes du décret, — *prennent aux yeux de tous, sinon cette stabilité qui est l'œuvre du temps, du moins celle que peuvent assurer l'accord des volontés et l'apaisement des partis.*

L'*apaisement des parits !* il ne peut naître que de leur accord et de leur conciliation , et leur conciliation, pour être sincère et durable, doit résulter de la fusion de leurs principes, de leurs idées et de leurs doctrines. Il faut donc qu'on les connaisse et pour cela qu'ils se manifestent.

Le *changement des mots*, décrété par l'Assemblée nationale, n'a pas, suivant les expressions mêmes du rapporteur de la loi, *changé les choses*. Le pacte de Bordeaux subsiste, et l'état provisoire qu'il a voulu sauvegarder pour que le pays, remis des émotions violentes par lesquelles il vient de passer, puisse prendre une décision mûrie et véritablement réparatrice, laisse le champ libre et la carrière ouverte à tous les programmes. Il serait trop tard pour les partis, quand le moment de la décision sera venu, d'exposer leurs doctrines et de faire discuter leurs principes.

Moins qu'à tout autre, il est permis au parti républicain, s'il veut rester conséquent avec lui-même, de demander la loi du silence; un régime de libre discussion ne saurait se concilier avec le bâillonnement des opinions contraires.

Les partis, après tout, sont-ils donc si fort à honnir? La rivalité des Wighs et des Torys a assuré depuis des siècles, à la politique de l'Angleterre et au développement de ses affaires, une marche progressive. Se figure-t-on un gouvernement libéral et représentatif d'où les partis soient absents? Sans opposition, la main s'engourdirait vite à tenir les rênes de l'Etat, et la routine ne tarderait pas à y régner sans rivale. Les gouvernants ont besoin d'être surveillés, et c'est surtout dans les gouvernements libres qu'il est bon qu'un parti veille sur l'autre. Les familles comme les Etats, comme l'humanité tout entière, ne se meuvent que sous l'impulsion d'une double force, celle qui pousse en avant et celle qui modère. Ces deux forces s'alimentent au même foyer, le patriotisme. Il ne s'agit que de les maintenir en équilibre, car dans leur harmonie résident l'ordre et le progrès.

Aussi ne citerait-on pas un seul pays, quelle que soit la forme de son gouvernement, où les partis n'aient joué un très-grand rôle. A ce compte, la France, il faut en convenir, ne le cède à aucun autre, et si les partis faisaient toujours la force et la grandeur des Etats, elle n'aurait rien à envier à personne. Malheureusement, il arrive un moment où le trop grand nombre des partis entraîne plus de dangers que leur complet effacement. Au lieu de l'atonie, c'est la décomposition. Il en est fatalement ainsi lorsque les dissentiments portent sur les conditions essentielles de l'ordre dans les sociétés et non pas seulement sur l'application des principes supérieurs, sans lesquels l'existence des sociétés elles-mêmes n'est plus possible.

Comment au surplus les partis ne seraient-ils pas nombreux en France? Depuis un siècle, tant de révolutions ont labouré son sol, que les générations présentes ne reconnaissent plus les sillons fertiles. La notion du droit est obscurcie, quand elle n'a pas été complétement effacée par les tempêtes successives. Un brave homme, condamné en 1814 pour avoir crié « Vive l'Empereur! » témoignait sa joie à sa sortie de prison en criant « Vive le Roi! ». L'Empereur venait de s'échapper de l'île d'Elbe, et notre homme subissait une nouvelle peine pour cris séditieux.

Il n'est pas de gouvernement, en tombant, qui n'ait laissé derrière lui des intérêts sacrifiés, des espérances déçues, des fidélités constantes. Il est sans doute facile de jeter à la tête des partis qu'ils ne s'occupent que de leurs intérêts et qu'ils oublient ceux du pays, comme s'il en était un seul qui ne se persuadât pas que c'est la patrie qu'il sert. Il reste à savoir quel est celui qui ne se trompe pas.

Et ici, il n'y a d'exception pour personne, pas même pour ceux qui s'imaginent et se vantent de n'appartenir à aucun parti. Ils sont, ceux-là, les plus nombreux. Ils veulent l'ordre, ils aspirent au repos, ils ne désirent que le bien général, sans paraître se douter que les vœux ne suffisent pas et qu'un si noble but mérite quelques efforts. Ils ne sont, disent-ils, d'aucun parti ! Combien ils se trompent ! Ils sont du parti qui n'adopte franchement aucun des autres et qui ne sait se rallier résolument à personne. Ils accepteraient toutefois le nom de parti des honnêtes gens ; ils en sont dignes assurément, quoiqu'il y ait des honnêtes gens dans tous les partis ; mais cela ne fait pas qu'ils ne jouent dans nos divisions intestines le rôle principal, et qu'ils n'assument sur leurs têtes, sans s'en douter, la plus grande part de responsabilité. En restant dans l'indécision, en manquant d'énergie et de volonté, ils offrent à chaque autre parti, dont leurs irrésolutions augmentent l'audace, l'espoir de conquérir à son tour l'appui qu'ils n'ont pas assez souvent refusé au succès. Ce parti est l'enjeu des autres. On l'appelait à la fin du seizième siècle le parti des politiques, il y a trente ans celui des satisfaits. Aujourd'hui qu'il se prête à un *essai lcyal* qui lui assure quelques jours de trève, il se complait dans le provisoire par peur du définitif, et bientôt il est à craindre qu'il ne soit appellé à recueillir les fruits de son imprévoyance. Le temps marche vite ; l'homme ou les hommes qui nous donnent quelques instants de repos approchent chaque jour davantage de la fin de leur carrière, et Dieu, dit-on, ne vient en aide qu'à ceux qui s'aident eux-mêmes.

Après tout, s'il était permis à quelqu'un de s'étonner et de se plaindre de l'incorrigibilité des partis, ce ne serait assurément pas à M. le Président actuel de la République. Sans les partis et leurs divisions, que serait-il lui-même? Les monarchistes l'ont nommé parce qu'il déclarait n'être pas républicain, et les républicains, quoiqu'il se fût qualifié de *vieux monarchien*, parce qu'il avait été l'écueil de toutes les monarchies. Le passé leur répondait de l'avenir. La République eut ses premières amours. Dans un livre célèbre, rempli des passions, des préjugés et des entraînements de la jeunesse, il exalta la révolution et s'enthousiasma pour l'audace de Danton. Plus tard, en poursuivant ses études, il se passionna pour l'Empire. Ministre sous la monarchie de juillet, il réveilla, en remuant les cendres du captif de St-Hélène, les souvenirs des demeurants de la grande armée, et prépara l'avénement de Napoléon III. Il avait été fatal à la branche aînée des Bourbons en donnant contre les ordonnances le signal de la révolte. Par son opposition au ministère Guizot, il contribua ensuite à renverser le trône qu'il avait élevé. Enfin ses luttes contre le second Empire n'ont pas été étrangères à sa chute. Il croit, lui aussi, n'être d'aucun parti. Il a été dans le passé le chef de la révolution ; aussi n'est-ce pas sans raison que M. Gambetta salue en lui un précurseur. Aujourd'hui il est le chef d'un parti nouveau qui, demain, s'appellera le parti de M. Thiers. Dans cette dernière phase de sa carrière, où il s'épuise courageusement à éteindre les torches qu'il a allumées, il a repris l'œuvre, sous le poids de laquelle a succombé l'un des plus illustres enfants dont s'enorgueillisse la France. M. de Lamartine, lui aussi, n'avait pas cru pouvoir rester au second rang. *Sa tête n'était bonne*, disait-il, *qu'à être jouée pour une idée*. Par bonheur pour sa mémoire, il ne jeta pas l'ancre de ses évolutions ambitieuses sur des écueils aussi funestes à la patrie. Sa chute et le délaissement dans lequel s'est éteinte cette noble existence, tout en étant une cruelle expiation pour son grand cœur, n'a pas du moins ajouté une page de plus aux jours néfastes de son pays. Puisse Dieu ne pas réserver une fin plus dure à celui qui a prévu avec tant de sagacité nos malheurs et qui s'est dévoué avec une ardeur et une énergie incomparables à la tâche presque impossible de les réparer.

Au milieu du conflit des partis, le seul, il faut bien en convenir, qui ait pu protester avec raison contre ce nom, c'est le parti légitimiste. Au début, ses protestations étaient justes, et aujourd'hui qu'elles sont plus contestables, elles n'en persistent pas moins pour son plus grand honneur. Nous ignorons l'avenir, mais quoi qu'il arrive, nous pouvons être certains que ceux-là conserveront une page glorieuse dans l'histoire, qui, fidèles à leurs principes, purs d'apostasies et de défaillances, inaccessibles aux conseils du désespoir, se cramponnent fièrement aux débris du navire qui a si longtemps porté la fortune de la France.

On appelait jadis *partisans* les gens de guerre détachés d'un corps d'armée ou d'une place forte, pour aller battre la campagne. On a donné ensuite ce nom à l'union de plusieurs personnes associées dans un intérêt commun et professant une opinion contraire à celle de la majorité de leurs concitoyens. Un parti s'entend donc d'une dissidence, en religion comme en politique. C'est une section qui se sépare de l'ensemble, c'est un fragment qui se détache du bloc. La société française était née, avait grandi, s'était formée avec un ensemble de règles et de principes qui, comme le métal épuré par le feu, avaient, pendant quatorze cents ans, résisté à toutes les agitations intérieures, et qui avaient été généralement acceptés. Un beau jour sa constitution politique est attaquée, battue en brèche, renversée; les partis tour à tour se sont rués et dressés sur ses ruines. Une fois le champ libre, ce fut à qui se hisserait au pouvoir. Or, au milieu de ces compétitions et de ces assauts successifs des partis victorieux, ceux-là, qui sont restés fidèles aux lois primitives de leur pays, méritent-ils aussi le nom de parti? Il a fallu le désordre introduit violemment depuis un siècle dans la transmission du pouvoir, pour que les mots aient changé de sens. Les partis ne sont pas nés d'hier, mais jamais avant 1790 on n'eût songé à parler du parti du roi. A l'époque la plus agitée de notre histoire, et qui n'est pas sans quelque ressemblance avec la nôtre, on comptait le parti de la reine-mère, celui des Guises, celui du roi de Navarre, celui du prince de Condé, celui des politiques à la tête duquel était le duc d'Alençon, mais jamais personne n'eût pensé à se dire du parti du roi, car personne n'eût osé dire qu'il n'était pas avec et pour le roi.

Le roi, en effet, n'était et n'a jamais été d'aucun parti. Il a toujours voulu être et il a toujours été le roi de toute la France. Loin de favoriser, de tolérer les divisions, il n'a jamais eu d'autre rôle et de plus grand souci que de les apaiser et de les dissoudre.

« *Cher fils,* disait saint Louis dans les instructions rédigées pendant sa dernière maladie pour son fils, *je t'enseigne encore que tu t'appliques diligemment à apaiser, autant que possible, les guerres et les différends qui seront en ta terre ou entre tes hommes, car c'est une chose qui plaît moult à Notre-Seigneur. Et messire saint Martin nous donna un très-grand exemple ; car lorsqu'il sut de par Notre-Seigneur qu'il allait mourir, il se mit en route pour mettre la paix entre les clercs de son archevêché, et lui fut avis que en ce faisant il mettoit bonne fin à sa vie.*

Louis XII, en montant sur le trône, déclarait que le roi de France ne se souvenait plus des injures faites au duc d'Orléans.

Le soir même de son entrée à Paris, Henri IV fit la partie de Mademoiselle de Montpensier, et plus tard, lorsque le duc de Mayenne, battu à Fontaine-Française, se soumit à son tour, il le reçut dans le parc de Monceaux :

« Henry, qui avait été à sa rencontre lorsqu'il le vit s'approcher, l'embrassa trois fois ; se hâta de le faire relever ; l'embrassa de nouveau avec cette bonté qui n'a

jamais tenu contre un repentir; puis, le prenant par la main, il le promena dans son parc où il l'entretint familièrement des embellissements qu'il allait y faire. Le roi marchait à si grands pas, que le duc de Maïenne, également incommodé de sa sciatique, de sa graisse et de la grande chaleur qu'il faisait, ne traînant qu'à grande peine sa cuisse, souffrait cruellement, sans oser en rien dire. Le prince s'en aperçut, voyant le duc rouge et tout en sueur ; il me dit, en se penchant vers mon oreille : « Si je pro-
» mène encore longtemps ce gros corps-cy,
» me voilà vengé sans grande peine de tous les
» maux qu'ils nous a faits. — Dites-le vrai, mon
» cousin, » poursuivit-il, en se tournant vers le duc de Maïenne; « je vais un peu vite pour
» vous. » Le duc lui répondit qu'il était prêt à étouffer, et que, pour peu que Sa Majesté eût encore continué, elle l'aurait tué sans y penser. « Touchez-là, mon cousin, reprit le roi, d'un air riant et en l'embrassant encore et lui frappant sur l'épaule, « car pardieu !
» voilà toute la vengeance que vous recevrez
» de moi. »

» Le duc de Maïenne, qu'une manière

si franche pénétra vivement, fit encore ses efforts pour s'agenouiller et pour baiser la main que Sa Majesté lui tendait : il lui jura qu'il le servirait désormais contre ses propres enfants. « Or sus, je le crois, lui dit Henry ; et, » afin que vous me puissiez aimer et servir » plus longtemps, allez vous reposer au » château, et vous rafraîchir ; car vous » en avez bon besoin : je vais vous faire » donner deux bouteilles de vin d'Arbois, » car je sais bien que vous ne le haïssez pas. » Voilà Rosny que je vous baille pour » vous accompagner, faire l'honneur de la » maison, et vous mener en votre chambre ; » c'est un de mes plus anciens serviteurs, » et un de ceux qui a reçu le plus de joie » de voir que vous vouliez me servir et » m'aimer de bon cœur. » Le roi continua sa promenade dans le fond du parc, et me laissa avec le duc de Maïenne que je fis reposer dans un cabinet de verdure et ensuite reconduire à cheval au château, aussi content du roi et de moi que nous l'étions tous deux de lui. » (Mémoires de Sully.)

Je recommande à mon fils, dit Louis XVI, dans son immortel testament, *s'il avait le malheur de devenir roi, de songer qu'il se doit tout entier au bonheur de ses concitoyens, qu'il doit oublier toute haine et tout ressentiment, et nommément tout ce qui a rapport aux malheurs et aux chagrins que j'éprouve...*

Ces exemples, ces conseils sont présents à l'esprit de M. le comte de Chambord, et le sentiment élevé de ses devoirs, en même temps que l'intérêt de son règne, disent assez quelle serait sa conduite. Aussi bien, n'a-t-il pas attendu qu'il fût à l'œuvre pour témoigner des dispositions de son esprit. Sa correspondance rayonne des élans de sa nature aimante, pacifique, magnanime, des affections d'un cœur clément, prêt à tout oublier, à tout pardonner, et dans lequel ne respirent que le besoin de se dévouer et le noble orgueil de mériter un jour, comme son aïeul Henri IV, le surnom de Bon et celui de Pacificateur de la France. Son cœur se révolte, son esprit s'indigne à la pensée qu'on pourrait supposer qu'il n'embrasse pas tous les Français dans le même amour, et qu'il puisse avoir des préférences ou des éloignements pour quelques-uns de ses compatriotes. Suivant les paroles dernières adressées par Louis XIV à son petit-fils, *il n'oublie pas plus les obligations qu'il a à Dieu, que ses devoirs envers le peuple.* Il se souvient aussi de cette recommandation faite par le grand roi à son petit-fils partant pour l'Espagne : *Ne préférez pas ceux qui vous flatteront le plus ; estimez ceux qui, pour le bien, hasarderont de vous déplaire. Ce sont là vos véritables amis.*

En 1844, le général Donnadieu avait écrit au prince pour se plaindre de certaines influences qu'il redoutait pour lui.

« Il faut que vous sachiez une fois pour tou-
» tes, lui répondit le prince, que je m'occupe
» moi-même de mes affaires, et qu'il ne se
» fait rien autour de moi que par mes ordres. »
Et il ajoutait :

« Je comprends combien il m'est nécessaire
» de connaître la vérité, et je l'accueillerai tou-
» jours avec empressement, de quelque part
» qu'elle me vienne; mais en même temps,
» je regarde comme un devoir de repousser
» avec fermeté tout ce qui me paraît porter
» l'empreinte de la passion et avoir le carac-

» tère de l'injustice. Je lis dans une des » lettres que vous m'avez envoyée, qu'il faut » porter un titre pour être bien reçu de » moi. C'est là une odieuse calomnie, que je » repousse avec indignation. Si elle se trou- » vait sous la plume d'un ennemi, je m'en » affligerais, mais je pourrais ne pas m'en » étonner; mais qu'elle me vienne d'un » homme qui se dit royaliste et dévoué, cela » est inexplicable. A Londres comme à » Rome, comme partout où j'ai eu le bon- » heur de rencontrer des Français, je les ai » tous accueillis avec empressement, sans » distinction de rang, de classes, de condi- » tions, ni même d'opinions. Ce sont là, » grâce à Dieu, des faits notoires qu'il ne » sera pas facile d'obscurcir. Je l'ai dit et je » le répète, si jamais la Providence m'ouvre » les portes de la France, je ne veux pas être » le roi d'une classe ni d'un parti, mais le » roi de tous. Le mérite et les services se- » ront les seules distinctions à mes yeux. »

« Le plus beau jour da ma vie, » écrit-il dans le mois d'août 1848, à M. le duc de Noailles, «sera celui où je pourrai voir tous les

» Français, après tant de dissentiments et de
» rivalités funestes, rapprochés par les liens
» d'une confiance réciproque et d'une véri-
» table fraternité ; la famille royale réunie
» autour de son chef, dans les mêmes senti-
» ments de respect pour tous les droits, de
» fidélité à tous les devoirs, d'amour et de
» généreux dévouement pour la patrie ;
» enfin, la France entière, pacifiée par la
» réconciliation de tous ses enfants, donner
» au monde le spectacle d'une concorde
» universelle, sincère, inaltérable, qui lui
» promette encore de longs siècles de gloire
» et de prospérité. »

« Je crois avec vous, » écrit-il au même, le 7 octobre 1848, « que le concours de tous les
» hommes de cœur, de talent et d'expérience
» est nécessaire au rétablissement et au main-
» tien de l'ordre dans notre patrie. Je vous
» l'ai déjà dit, étranger et inaccessible à toutes
» les passions qui perpétuent les funestes
» discordes, je regarderai comme le plus
» beau jour de ma vie celui où je verrai tous
» les Français rapprochés par les liens d'une
» fraternité véritable, et la famille royale
» réunie à son chef dans les mêmes senti-

» ments de respect pour tous les droits, de
» fidélité à tous les devoirs, d'amour et de
» dévouement pour la patrie. »

« Mon règne, dit-il à M. Berryer, le 15
» janvier 1849, ne saurait être ni la res-
» source ou l'œuvre d'une intrigue, ni la
» domination exclusive d'un parti. »

Le 22 décembre 1850, il écrit encore à M. le duc de Noailles :

« Aussi me suis-je constamment efforcé
» de prouver, par mes paroles comme par
» ma conduite, que, si la Providence m'ap-
» pelle à régner un jour, je ne serai pas le
» roi d'une seule classe, mais le roi ou plu-
» tôt le père de tous. Partout et toujours je
» me suis montré accessible à tous les Fran-
» çais, sans distinction de classes ni de con-
» ditions ; je les ai tous vus, tous écoutés,
» tous admis à se presser autour de moi. Vous
» en avez été vous-même le témoin. Comment
» après cela pourrait-on encore me soupçonner
» de ne vouloir être que le roi d'une caste pri-
» vilégiée, ou, pour employer les termes dont
» on se sert, le roi de l'ancien régime, de

» l'ancienne noblesse, de l'ancienne cour ?
» J'ai toujours cru, et je suis heureux de me
» voir ici d'accord avec les meilleurs es-
» prits, que désormais la cour ne pourra plus
» être ce qu'elle était autrefois. »

En 1852, M. de Corcelle avait adressé au prince des notes pleines d'intérêt sur des questions relatives au présent et à l'avenir. Il lui répond en lui exprimant combien, sur presque tous les points, ses pensées s'accordent avec les siennes, et sa lettre contient ce passage :

« Aussi, loin de repousser personne, je serai
» heureux au contraire d'accueillir tous les
» hommes utiles, dans quelque situation
» politique qu'ils se soient trouvés, à
» quelque nuance d'opinion qu'ils appar-
» tiennent, pourvu qu'ils apportent au ser-
» vice de l'Etat un zèle éclairé et un véri-
» table dévouement ; car, si la Providence
» m'appelle à remonter un jour sur le trône
» de mes pères, je n'aurai pas trop du con-
» cours de tous les talents, de toutes les
» capacités, de tous les caractères honorables,
» de tous les cœurs qui aiment sincèrement

» leur patrie, pour m'aider à remplir les
» grands devoirs qui me seront imposés. Du
» reste, je me tiens prêt à tout ce que le ciel
» peut ordonner de moi. »

La même pensée se retrouve le 9 décembre 1866, dans une lettre adressée à M. de Saint-Priest :

« Est-il nécessaire d'ajouter qu'après tant
» de déchirements, un des premiers besoins
» de la France, c'est l'union ? La seule poli-
» tique qui lui convienne est une politique
» de conciliation, qui relie au lieu de sé-
» parer, qui mette en oubli toutes les an-
» ciennes dissidences, qui fasse appel à tous
» les dévouements, à tous les mérites, à tous
» les nobles cœurs qui aiment leur patrie
» comme une mère, la veulent grande, libre,
» heureuse et honorée. »

Rien ne saurait altérer les sentiments du petit-fils de Henri IV.

« On se dira, s'écrie-t-il dans sa lettre du
» 8 mai 1871, que j'ai la vieille épée de la
» France dans la main, et dans la poitrine
» ce cœur de roi et de père qui n'a point

» de parti. Je ne suis pas un parti, et je ne » veux pas revenir pour règner par un » parti. Je n'ai ni injures à venger, ni enne- » mis à écarter, ni fortune à refaire, sauf » celle de la France ; et je puis choisir par- » tout les ouvriers qui voudront loyalement » s'associer à ce grand ouvrage.

» Je ne ramène que la religion, la concorde » et la paix ; et je ne veux exercer de dicta- » ture que celle de la clémence ; parce que » dans mes mains, et dans mes mains seule- » ment, la clémence est encore la justice. »

Il serait douloureux et à la fois peu politique de rappeler les funestes divisions de famille qui ont causé tous les malheurs de la France. Comment résister à l'exemple, lorsqu'il vient d'aussi haut ? Les princes les plus rapprochés du trône, ceux-là que leur honneur, leur devoir, leur intérêt semblaient river au rôle glorieux d'en être les plus fermes soutiens, se sont laissé entraîner à l'attaquer au lieu de le défendre. N'en recherchons pas les causes, et appliquons-nous à en oublier les douloureux effets Imitons l'exemple de M. le comte de Chambord lui-même. Aussi n'est-ce pas sans un poignant serrement de cœur et sans un déchirement patriotique que, ces jours derniers encore, nous entendions des amis trop ardents, égarés, espérons-le, par de fausses apparences, étaler au grand jour les souvenirs les plus irritants. Laissons ce soin machiavélique aux adversaires de la monarchie.

Louis XVIII et Charles X n'ont-ils pas oublié dans des circonstances plus graves encore? Ecoutez à son tour le langage de M. le comte de Chambord, et respectez-le en l'imitant.

Le 15 janvier 1849, il écrit à M. Berryer :

« Vous connaissez, Monsieur, mes senti-
» ments et mes intentions à l'égard des
» membres de ma famille, comme à l'égard
» des hommes que leur haute probité et leur
» capacité éprouvée appellent à rendre au
» pays d'éminents services. Je vous autorise
» à donner en mon nom l'assurance que l'on
» me verra toujours disposé et résolu à pren-
» dre toutes les mesures qui...... feront sur-
» tout régner cet esprit de paix et d'union

» entre tous les Français, qui est ma plus
» chère pensée. »

L 23 janvier 1851, il écrit au même :

« Vous vous en êtes souvenu ; c'est bien là
» cette politique de conciliation, d'union, de
» fusion, qui est la mienne et que vous avez
» si éloquemment exposée; politique qui met
» en oubli toutes les divisions, toutes les ré-
» criminations, toutes les oppositions pas-
» sées, et veut pour tout le monde un avenir
» ou tout honnête homme se sente, comme
» vous l'avez si bien dit, en pleine possession
» de sa dignité personnelle. »

Au commencement de 1857, les tentatives de rapprochement des princes de la branche d'Orléans venaient d'échouer une fois encore contre des questions que le chef de la Maison ne se croyait pas le droit de trancher. Il en exprimait ses regrets à M. le duc de Nemours, dans cette lettre touchante qu'il convient de citer tout entière :

« Mon cousin, j'ai lu votre lettre avec un
» profond sentiment de regret et de tristesse.
» J'aimais à penser que nous avions compris

» de la même manière la réconciliation
» accomplie entre nous il y a bientôt quatre
» ans. Le rétablissement de nos rapports
» politiques et de famille, en même temps
» qu'il plaisait à mon cœur, semblait à ma
» raison un gage de salut pour la France
» et une des plus fermes garanties de son
» avenir. Pour justifier mon espérance, pour
» rendre notre union efficace et digne tout
» ensemble, il ne fallait que deux choses qui
» étaient bien faciles : rester de part et
» d'autre également convaincus de la né-
» cessité d'être unis, nous vouer une con-
» fiance également inébranlable en nos mu-
» tuels sentiments.

» Je n'ai pas douté de votre dévouement
» aux principes monarchiques ; personne ne
» peut mettre en question mon attachement
» à la France, mon respect de sa gloire, mon
» désir de sa grandeur et de sa liberté. Ma
» sympathique reconnaissance est acquise à
» ce qui s'est fait par elle, à toutes les
» époques, de bon, d'utile et de grand.
» Ainsi que je n'ai cessé de le dire, j'ai tou-
» jours cru et je crois toujours à l'inopor-
» tunité de régler dès aujourd'hui et avant

» le moment où la Providence m'en imposerait le devoir des questions que résoudront les intérêts et les vœux de notre patrie. Ce n'est pas loin de la France et sans la France qu'on peut disposer d'elle. Je n'en conserve pas moins ma conviction profonde, que c'est dans l'union de notre maison et dans les efforts communs de tous les défenseurs des institutions monarchiques que la France trouvera un jour son salut. Les plus douloureuses épreuves n'ébranleront pas ma foi. »

La conviction de M. le comte de Chambord n'a pas changé depuis cette époque, et aujourd'hui encore il répète, 8 mai 1871 :

« Ce que je demande... c'est, à la tête de » *toute la Maison de France*, de présider à ses destinées, en soumettant avec confiance les actes du gouvernement au sérieux contrôle des représentants librement élus. »

Est-il possible de dire plus clairement et plus loyalement à ses cousins qu'il leur ouvre ses bras et qu'il est prêt à les y recevoir? Peut-il faire plus ? Comme homme, il est le chef de la famille, et, sauf M. le duc de Nemours, qui ne fait pas obstacle à la réconciliation dont il a donné l'exemple, il est l'aîné de tous les princes de la Maison de France. Comme roi, a-t-il à stipuler avec M. le duc d'Aumale, ou avec M. le comte de Paris, les intérêts de la France? Quel serait le titre de ceux-ci pour engager leur pays? Comment, héritiers eux-mêmes de la couronne, pourraient-ils représenter le peuple, qui la donne, auprès de celui qui en est le dépositaire avant eux?

Le principe de l'hérédité, a dit M. le comte de Chambord, n'appartient à personne. Il est le patrimoine de la nation. Dieu seul fait l'héritier dans l'intérêt et pour le salut du peuple. — Ceux qui sont appelés à ce redoutable honneur n'y doivent trouver que des devoirs à remplir. Malheur aux peuples lorsque les princes l'oublient!

VIII

LE DRAPEAU.

« La France m'appellera, et je viendrai » à elle tout entier, avec mon dévouement, » mon principe et mon drapeau. »

Quand de Chambord, où il remettait pour la première fois le pied sur le sol de la patrie, l'exilé jeta ces mots aux quatre coins de la France, ce fut comme un souffle d'honneur qui passait sur le pays, tout frémissant encore de ses récentes humiliations.

Vous tous qui aviez renoncé à vos carrières, et brisé votre épée en 1830, vous reçûtes la parole royale comme la récompense de votre fidélité, comme le prix de vos sacrifices et de votre dévouement!

Mais d'autres, et ce fut le plus grand

nombre, moins enthousiastes et plus politiques peut-être, tout en admirant cette fierté d'âme digne des temps anciens, y virent un danger pour le succès de leurs efforts vers l'apaisement des partis et l'effacement des divisions. Ils redoutèrent un nouvel avortement de ce grand travail de la fusion qui, seule, peut sauver la patrie.

D'autres, aussi, affectèrent d'y trouver le présage d'une future abdication. Ils applaudirent au prince qui s'enveloppait, disaient-ils, dans les plis de son drapeau comme dans un linceuil. Car ils ne purent s'empêcher de saluer avec respect l'héritier des rois de France scellant, ainsi qu'ils se plaisaient à le répéter, par son attachement magnanime à l'emblême du passé, son renoncement aux choses de l'avenir.

Dans la première émotion, personne ne parut comprendre les sentiments qui avaient inspiré le prince, et les raisons qu'il donnait de sa mâle résolution.

Le prince cependant ajoutait :

« Français, je suis prêt à tout pour aider
» mon pays à se relever de ses ruines et à
» reprendre son rang dans le monde; le

» seul sacrifice que je ne puisse lui faire,
» c'est celui de mon honneur.

» Je suis et veux être de mon temps ; je
» rends un sincère hommage à toutes ses
» grandeurs, et quelle que fût la couleur
» du drapeau sous lequel marchaient nos
» soldats, j'ai admiré leur héroïsme et rendu
» grâce à Dieu de tout ce que leur bravoure
» ajoutait au trésor des gloires de la France.

» Entre vous et moi, il ne doit subsister
» ni malentendu ni arrière-pensée.

» Non, je ne laisserai pas, parce que l'i-
» gnorance ou la crédulité auront parlé de
» priviléges, d'absolutisme ou d'intolérance,
» que sais-je encore ? de dîmes, de droits
» féodaux, fantômes que la plus audacieuse
» mauvaise foi essaie de ressusciter à vos
» yeux, je ne laisserai pas arracher de mes
» mains l'étendard d'Henri IV, de François
» Ier et de Jeanne d'Arc.

» C'est avec lui que s'est faite l'unité
» nationale, c'est avec lui que vos pères,
» conduits par les miens, ont conquis cette
» Alsace et cette Lorraine dont la fidélité
» sera la consolation de nos malheurs.

» Il a vaincu la barbarie sur cette terre

» d'Afrique, témoin des premiers faits d'ar-
» mes des princes de ma famille ; c'est
» lui qui vaincra la barbarie nouvelle dont
» le monde est menacé.

» Je le confierai sans crainte à la vaillance
» de notre armée ; il n'a jamais suivi, elle
» le sait, que le chemin de l'honneur.

» Je l'ai reçu comme un dépôt sacré du
» vieux Roi, mon aïeul, mourant en exil ;
» il a toujours été pour moi inséparable du
» souvenir de la patrie absente ; il a flotté
» sur mon berceau, je veux qu'il ombrage
» ma tombe.

» Dans les plis glorieux de cet étendard
» sans tache, je vous apporterai l'ordre et
» la liberté.

» Français,

» Henri V ne peut abandonner le drapeau
» blanc d'Henri IV. »

Il semble que l'on n'entendit pas ces nobles paroles. On continua à rappeler les victoires de Valmy, d'Arcole, d'Austerlitz et d'Iéna. On oubliait les mauvais jours et jusqu'aux plus douloureux souvenirs.

Le mot d'abdication avait été prononcé. Le prince, une fois encore, le 25 janvier 1872, s'adressa à la France :

« La persistance des efforts qui s'attachent » à dénaturer mes paroles, mes sentiments » et mes actes, m'oblige à une protestation » que la loyauté commande et que l'honneur » m'impose.

. . . .

» Je n'abdiquerai jamais.

» ... Je ne laisserai pas porter atteinte, » après l'avoir conservé intact pendant qua- » rante années, au principe monarchique, » patrimoine de la France, dernier espoir » de sa grandeur et de ses libertés.

. . . .

» Je ne devais pas, dit-on, demander à » nos valeureux soldats de marcher sous » un nouvel étendard.

» Je n'arbore pas un nouveau drapeau ; » je maintiens celui de la France, et j'ai » la fierté de croire qu'il rendrait à nos » armées son antique prestige.

» Si le drapeau blanc a éprouvé des re- » vers, il y a des humiliations qu'il n'a » pas connues. »

On racontait que dix-huit années en deçà, M. le comte de Chambord, recevant à Frosdhorff la visite de M. le duc de Nemours, aurait dit, en parlant du drapeau, que ce n'était ni loin de la France ni sans elle que pouvait se traiter une pareille question. — Combien il avait été, disait-on, mieux inspiré alors!

Hélas! en supposant ce récit véridique, les temps n'ont-ils pas changé? Témoin de nos nombreuses défaites et de la fortune des armes prussiennes, le drapeau tricolore n'ornait pas à cette époque tous les édifices de l'Allemagne-unie, et n'était pas appendu en trophée aux voûtes de ses églises et de ses temples.

« *Si le drapeau blanc a éprouvé des revers, il y a des humiliations qu'il n'a pas subies.* »

Personne ne méconnaît assurément les glorieuses étapes parcourues par nos pères sous l'égide du drapeau blanc?

Eh bien alors! qui le défendra, si ce n'est le fils de ceux qui l'ont toujours gardé pur de toutes souillures? Et quelle occasion plus patriotique de déployer ses voiles si longtemps accoutumées au vent de la fortune et de l'honneur !

Mais que sert de raisonner sur un sujet que la passion seule agite ? La passion aveugle les plus sages, comment laisserait-elle confiants, impartiaux et justes ceux qui font du dédain des ancêtres la base de leurs opinions et la règle de leur conduite? Ne rencontrez-vous pas tous les jours des personnes qui ne veulent plus se souvenir, ou qui n'ont jamais appris que le drapeau de nos pères n'a pas péri tout entier dans le grand bouleversement de la fin du dernier siècle, qu'il est demeuré de notre temps, qu'il a reparu après les malheurs du premier Empire, rapportant dans ses plis la liberté depuis vingt ans exilée, que sous lui la victoire redevint fidèle à nos armes, en Espagne d'abord, dans les mers de l'Archipel ensuite, où il portait l'affranchissement de la Grèce, et enfin qu'il fut arboré le premier sur les murs d'Alger, aux applaudissements du monde, enfin purgé des pirates qui se riaient depuis des siècles de la civilisation outragée ?

Si le drapeau blanc rappelle tant de glorieux souvenirs, quelle raison d'éloignement peut-il donc inspirer aux générations présentes?

Serait-il, — on l'a dit et écrit souvent, — la livrée d'une maison et non celle de la France, comme s'il pouvait y avoir une opposition quelconque entre la France et la maison qui porte son nom, c'est-à-dire, qui lui appartient tout entière et en est la première sujette? Mais cette raison n'a même pas pour elle l'exactitude historique. Le blanc n'a été la couleur de nos rois, que parce qu'elle était celle de la nation elle-même. Chaque prince, en montant sur le trône, quittait les couleurs qui lui étaient propres pour prendre celles de la France. C'est ainsi que Henri IV, qui avait le rouge pour fond de sa livrée comme roi de Navarre, le répudia pour prendre le bleu des rois de France.

Nos pères étaient bien plus sages et bien plus politiques, non pas que, pour eux comme pour nous, le drapeau ne fût un précieux symbole auquel ils rattachaient les plus nobles sentiments, ceux de l'honneur et de la patrie, mais ce qu'ils voyaient dans le drapeau, c'était l'idée qu'il représentait, et tout ce qui était extérieur, — couleur, écu, blason, ornements, — n'avait qu'une importance secondaire. Quelles que fussent ses formes extérieures, variables, bigarrées, comme tout ce qui constituait et animait l'ancienne France, le drapeau n'en était pas moins à leurs yeux le talisman qui secondait la vaillance et procurait la victoire. Blanc, rouge ou bleu, il ranimait le courage, enflammait les esprits, ralliait les combattants épars; on ne discutait pas sur sa couleur, on s'en souvenait au moment du danger, et on se contentait de n'estimer pas de plus grande gloire que celle de mourir pour le défendre. Chaque ville, chaque province, chaque paroisse, chaque corporation avait sa bannière et ses enseignes distinctes. Dans l'armée, les drapeaux étaient, suivant les régiments, de couleurs diverses; les cocardes mêmes n'étaient pas uniformes. Il fallait des circonstances exceptionnelles, pour qu'on arborât une seule couleur : ainsi, loin de la patrie, dans l'immensité et le désert des mers, là où l'honneur du pavillon exigeait qu'il n'y eût pas de méprise.

Le drapeau fut bleu dans les premiers jours. Bleue était en effet la chappe de saint Martin. La dévotion au culte du saint confesseur de la foi chrétienne dans les Gaules, était dans toute sa fraîcheur et sa vivacité, lorsque les Francs passèrent le Rhin. On dit que Clovis, peut-être autant par calcul politique que par goût personnel, s'empressa d'adopter la couleur bleue. Elle devint dans la suite la couleur propre à la royauté. Les vignettes et les miniatures des manuscrits les plus anciens nous représentent les rois de la première et de la seconde race vètus d'un manteau ou d'une robe bleue. *Eginhart* rapporte que Charlemagne, s'habillant à la française, portait un sayon bleu, *sago veneto amictus erat*. C'est aussi la couleur des vêtements de saint Louis peints sur les vitraux de nos vieilles basiliques, à Chartres, à Rouen et à Reims.

Dans la langue du blason, le bleu est l'emblème de la loyauté et de la fidélité à la parole donnée. Fleurs de lys d'or sur fond d'azur, tel a toujours été le blason de la maison de France.

Plus tard, quand l'oriflamme sortit de l'abbaye de Saint-Denis, le bleu n'en resta pas moins la couleur royale et celle du pennon particulier du roi.

Le rouge fut comme le bleu, à son début un emblème de dévotion. Cette couleur favorite des peuples dans leur enfance, et surtout des peuples guerriers, qui rappelle la pourpre des anciens rois d'Égypte et des patriciens de Rome, était devenue depuis le christianisme la couleur des martyrs. Le manteau de saint Georges et celui de saint Maurice étaient rouges. Charles-Martel et Charlemagne, pour combattre les Sarrazins, levèrent l'étendard de saint Maurice. L'office des martyrs se célébrait et se célèbre encore en rouge. Toutes les églises sous l'invocation des martyrs ont des bannières rouges. C'est ainsi que la bannière de saint Denis rappelait le sang versé par le saint apôtre. Les comtes du Vexin, qui étaient avoués de l'abbaye de Saint-Denis, portaient sa bannière à la guerre. Lorsque Louis-le-Gros, au commencement du douzième siècle, réunit le Vexin à la couronne, il la leva à son tour et la première fois pour combattre les Anglais.

« Avant de partir, le roi, sachant pour l'avoir éprouvé lui-même fréquemment, qu'après Dieu le bienheureux saint Denis est le patron spécial et le protecteur particulier du royaume, se rendit en hâte à ses pieds et le sollicita du fond du cœur, tant par ses prières que par des présents, de préserver sa personne et de résister, comme à son ordinaire, à ses ennemis..... Enfin, prenant sur l'autel la bannière appartenant au comté du Vexin, pour lequel ce prince relevait de l'église de Saint-Denis, et la recevant, pour ainsi dire, de son seigneur suzerain, avec un respectueux dévouement, le roi vola avec une petite poignée d'hommes au-devant des ennemis. » (Suger, abbé de St-Denis.)

Louis VII, Philippe-Auguste et saint Louis portèrent l'oriflamme aux croisades, où elle était, dit un historien anglais, *Gervais d'Oroborn*, un gage de victoire ou de mort : *Signum erat Franciæ mortis et victoriæ*. Louis VIII la prit pour marcher contre les Albigeois. Elle brillait à Bouvines, en même temps que la bannière royale que portait Gales de Montéguy :

Gales de Montéguy porta
De fin azur luisant l'enseigne
A fleurs de lis d'or aournée...
(G. GUIART.)

Elle fut aussi à Mons-en-Puelle et à Cassel contre les Flamands, et elle ne nous préserva pas des désastres de Crécy, de Poitiers et d'Azincourt.

On prétend que, dans ce dernier combat, elle fut ramassée sur le champ de bataille, au milieu des six mille chevaliers qui mordirent la poussière.

« A l'époque des guerres d'Édouard III, dit M. de Chateaubriand dans ses études historiques, la couleur nationale française était le rouge et la couleur anglaise le blanc. Édouard (1340) prit le rouge comme roi de France, et nous quittâmes cette couleur devenue ennemie. »

Quoi qu'il en soit, ce fut le drapeau blanc qu'arbora Jeanne d'Arc pour délivrer la patrie, et depuis, le *blanc est resté la couleur de la France.*

« Ce fut une merveille pour les spectateurs, de voir la première fois Jeanne d'Arc dans *son armure blanche* et sur son beau cheval noir, au côté une petite hache et l'épée de sainte Catherine. Elle avait fait chercher cette épée derrière l'autel de sainte Catherine de Fierbois, où on la trouva en effet. Elle portait à la main un *étendard blanc fleurdelisé* sur lequel était Dieu avec le monde dans ses mains ; à droite et à gauche, deux anges qui tenaient chacun une fleur de lis. « Je ne veux pas, disait-elle, me servir de mon épée pour tuer personne. » Et elle ajoutait que, quoiqu'elle aimât son épée, elle aimait « *quarante fois plus* » son étendard. » (Michelet.)

De même que la bannière bleue n'avait pas cessé, du temps de l'oriflamme, de flotter au milieu de nos armées, de même l'oriflamme ne disparut pas avec le drapeau de Jeanne d'Arc. Charles VII conserva parmi les officiers de la couronne un garde-oriflamme, et le P. Anselme raconte que : « le roi Louis XI reçut l'oriflamme des mains du cardinal d'Alby, abbé de Saint-Denis, après avoir entendu la messe de sainte Catherine du Val-des-Écoliers, à Paris, le 30 août 1465, pour aller combattre les Bourguignons. »

Le drapeau blanc de Jeanne d'Arc n'était pas au surplus nouveau en France. A côté du bleu de saint Martin, et du rouge de saint Denis, les historiens placent le blanc comme le plus ancien et le plus caractéristique des emblèmes de la nation elle-même.

Le blanc est la plus insigne marque, dit Tertullien, *de liberté, de la délivrance du servage.*

« *Par le blanc,* dit Rabelais, *a mesmes inductions de nature tout le monde a entendu joye, liesse, soulas, plaisir et delectation.* . . . .
C'est la cause pourquoi Gallices (sont les François ainsi appellez, parce que blancs sont naturellement comme laict que les Grecs nomment Gala) volontiers portent plumes blanches sur leurs bonnets. Car par nature ils sont joyeux, candides, gracieux et bien aimez et pour leur symbole et insignes ont la fleur plus que nulle autre blanche, c'est le lys. »

Les trois couleurs, qui furent ainsi alternativement arborées dans nos guerres nationales, se confondirent avec le temps dans la livrée du roi.

Vers le commencement du XVIe siècle, les

Hollandais, affranchis du joug de l'Espagne, demandèrent à Henri IV de choisir le pavillon dont ils se serviraient à l'avenir. Le roi leur désigna les trois couleurs françaises en leur écrivant :

« Les liens de l'amitié nous uniront aussi
» longtemps que les Républicains auront sous
» les yeux un objet propre à leur rappeler les
» services importants, si nombreux, que la
» France leur a rendus et auxquels ils doi-
» vent leur liberté. »

Sous Louis XIV, les trois couleurs étaient désignées sous le nom de couleurs du roi.

Dans « l'État de la France », imprimé en 1708, on lit à la page 14ᵉ du premier volume :

« MARQUES DES CHARGES.

» Le colonel du régiment des gardes françaises, le colonel-général des Suisses, mettent six drapeaux *des couleurs du Roi, blanc, incarnat* et *bleu*, passés en sautoir derrière l'écu de leurs armes.

» Le colonel-général de la cavalerie met six cornettes *des couleurs du Roi.*

» Le mestre du camp de la cavalerie met quatre cornettes *des couleurs du Roi.* »

Ainsi ce n'est pas, comme on le pense communément, une nouveauté de la révolution que d'avoir réuni les trois couleurs sur le même drapeau. Elle avait d'abord pris le vert, puis, s'apercevant que le vert était la couleur du comte d'Artois dont la tête était alors mise à prix, elle adopta le rouge et le bleu qui étaient les couleurs de la Ville de Paris ; puis, par une transaction proposée par M. le marquis de La Fayette, elle y joignit le blanc, sans prendre garde qu'elle arborait la livrée des rois qu'elle voulait proscrire.

Beaucoup de personnes ont cru et croient encore à tort que les trois couleurs furent adoptées parce qu'elles distinguaient la famille d'Orléans. La famille d'Orléans ne les portait qu'en qualité de branche de la maison royale. L'habit bleu, le collet rouge, les épaulettes et les brandebourgs en argent, tel était le costume des gardes du corps du Roi et de l'ancienne garde française. Pour la famille d'Orléans, le fond rouge remplaçait le fond bleu, les galons étaient bleus et blancs.

Ce n'est donc pas dans les souvenirs historiques qu'il faut chercher les prétextes d'éloignement ou d'attachement au drapeau blanc et au drapeau tricolore, mais dans les passions et les préventions modernes. Les uns voient dans le drapeau blanc l'image de l'ancien régime, et dans le drapeau tricolore celle des temps nouveaux et comme le palladium de nos libertés. Les premiers reprochent au contraire à celui-ci de rappeler la révolution en permanence. Quant à M le comte de Chambord, peut-il oublier qu'il surmontait l'échafaud de Louis XVI et qu'il servit de ralliement à l'insurrection triomphante qui le chassa, enfant, de sa patrie?

La gloire efface tout!... Mais ne vient-elle pas de s'obscurcir dans les plus effroyables désastres que nous ayons jamais subis?

Qui sait, peut-être un jour pourrons-nous le reprendre... avec honneur, mais en attendant, si la France, réconciliée par de si douloureuses épreuves avec son passé, voulait revenir à la monarchie, pourrait-elle demander à celui dont elle attend son salut et qui lui déclare solennellement « qu'il est et veut être de son temps, » d'inaugurer son règne par un acte répugnant à son honneur? — Il nous semble qu'elle devrait être fière de sa fierté.

Au moment où j'écris ces lignes, j'entends gronder le canon ennemi qui salue, jusque dans nos villes occupées, l'aurore du jour où l'Allemagne célèbre la fête de son glorieux Empereur. A la même heure vont retentir dans tout l'Empire les mêmes chants de victoire et les mêmes cris d'allégresse.

Dans ces nombreuses contrées, hier encore si divisées, ne flottera qu'un seul étendard, l'aigle noire de la Prusse. Le même drapeau rappellera à l'enthousiasme des populations attendries le double amour, confondu en un seul, du Roi et de la Patrie.

IX

L'AUTEUR NE CONCLUT PAS.

Cecy, comme disait Montaigne, *est une œuvre de bonne foy*. Aussi l'auteur ne conclut pas.

Il a voulu étudier et placer sous son véritable jour *l'un des côtés de la question*, et non traiter et trancher la question elle-même. Il laisse prudemment ce soin au lecteur.

Quiconque aura daigné parcourir ces pages, pourra se prononcer désormais en connaissance de cause. Ce ne sera plus sur les impressions des autres, mais sur les siennes propres, qu'il jugera M. le comte de Chambord, car il aura entendu le prince lui-même. Dans cette longue correspondance, ne comprenant pas moins de trente-deux années, de 1840 à 1872, il aura pu le voir constamment fidèle aux mêmes sentiments et aux mêmes principes, ne laissant pas échapper une ligne qui soit en contradiction avec lui-même, n'écrivant pas un mot qui ne respire, comme tous les actes de sa vie, le plus ardent amour de la patrie, le sentiment le plus élevé de ses devoirs, la plus profonde dignité d'un malheur immérité et noblement supporté. On peut ne pas être de son avis, ne pas partager ses espérances, mais on ne saurait se défendre de le plaindre, de l'admirer et de le respecter.

Qu'on ne dise plus surtout, *qu'il n'est pas de son temps*, et qu'il rêve le retour *d'un système plus difficile à ramener parmi nous que n'importe quelle civilisation éteinte depuis des siècles* (1).

En présence des sentiments, des idées, des principes éclatant dans cette correspondance fidèlement reproduite, que penser de cette

(1) Dernier discours du futur dictateur de la France, prononcé à Angers.

logomachie qui, choisissant le milieu convenable à son vain et prétentieux étalage, loin des contradictions possibles, et assurée d'applaudissements préparés à l'avance, représente le prince et ses amis comme jouant le rôle ridicule de *paladins irréconciliables ?*

Ne leur parlez pas de raison, a-t-on dit, *ils ne connaissent que la foi.* Comme si l'une excluait l'autre.

Celui qui prononçait ces téméraires et vides paroles, se targue sans doute de *raisonner*, et nous ne lui faisons pas l'injure de supposer que la foi lui manque pour cela.

On invoque aussi *les forces de la démocratie*, et on proclame impossible *de faire rentrer sous terre ce fleuve qui ne déborde pas et qui coule à pleins flots d'un cours régulier et sûr.*

La démocratie est-elle donc incompatible avec le pouvoir héréditaire ; et ce fleuve, qui ne *déborde pas*, par l'excellente raison qu'il submerge tout, et dont *le cours régulier et sûr* nous a amené les catastrophes et les excès les plus sanglants dont il y ait trace dans l'histoire d'aucun peuple, serait-il obligé de rentrer sous terre ou de remonter à sa source, parce que des digues tutélaires le contiendraient dans ses rives?

Ce ne sont là que des phrases : le pays n'en a que trop écouté.

Tout près de ces exagérations et à la veille d'en être les premières victimes, des esprits éclairés et consciencieux assurément, confessent que tout autour d'eux est écroulé, religion, mœurs, foi monarchique, tout ce qui animait nos pères et grandissait la patrie, *mais qu'y faire*? ajoutent-ils avec une fatale désespérance, *les morts ne ressuscitent pas.*

Les morts ne ressuscitent pas! Les principes, les lois, les idées peuvent-ils donc être assimilés à la matière. La matière elle-même ne meurt que pour se transformer et revivre d'une nouvelle jeunesse.

Puis, quelles conséquences tirer d'un tel découragement? Se confiera-t-on de nouveau à César, ou s'en remettra-t-on aux hasards de cette force aveugle et terrible du nombre qui le créa et le renversa ensuite?

Comment se confier à César, si les morts ne ressuscitent pas?

Et quant à cette puissance aveugle, terrible du nombre, où nous mènera-t-elle? Reste-t-il quelque chose à lui livrer encore?

Les purs sont plus conséquents avec leurs principes; ils invoquent *l'idée*, l'idée qu'ils veulent bien appeler une émanation divine, et qui ne serait grande, puissante, absolue qu'avec et par la force, c'est-à-dire le nombre.—Si ces mots ont un sens, on se demande ce que devient alors la liberté. Les vieux Empires sont-ils donc tous, avant de s'écrouler, fatalement voués au despotisme?

Je sais bien qu'on porte la controverse sur un terrain plus accessible aux simples mortels, et qu'on parle du servilisme qui dégrade les citoyens sous la monarchie, des hasards de l'hérédité, et des droits imprescriptibles des générations, indépendantes les unes des autres.

Le servilisme! Il est la pierre de touche des caractères, et l'histoire n'a jamais montré plus de défaillances u'à notre époque. Si la forme des gouvernements y est pour quelque chose, quelle conclusion accablante pour ceux qui soulèvent une pareille objection ! Où jamais servilisme a-t-il égalé celui des parasites qui s'attachent aux dictateurs? Il n'est pas un ministre, pas un homme d'Etat qui ne traîne derrière lui une fourmilière de *Dangeau*, n'écrivant pas en secret et pour les siècles futurs, mais étalant sans vergogne, dans les nombreuses feuilles du jour, leurs basses et impures flatteries. N'avons-nous pas vu porter des enfants sur le chemin des démocrates en renom, comme sur le passage d'un évêque, qui du moins, lui, bénit au nom du Seigneur? Demandez à ceux qui ont passé par l'antichambre des ministres de Tours, quelle n'était pas la foule avide à s'y disputer le regard et les faveurs des maîtres de la France humiliée. Consultez tous ceux qui, dans ces moments de surprise et d'affolement, ont occupé quelque place, quelque fonction élevée. Que de devoirs n'avaient-ils pas à remplir, et ils en étaient distraits par les solliciteurs !

L'hérédité a des hasards! — Ah ! sans

doute, l'hérédité du pouvoir, en mettant les peuples à l'abri des troubles et des divisions inséparables de toute compétition d'empire, ne leur garantit pas les vertus et les talents de l'héritier. — C'est ainsi que la démence de Charles VII livra la France aux désastreuses rivalités de ses oncles, et que les annales de notre histoire ont enregistré le fatal traité de Brétigny, auquel ne peut être comparé que celui sous le joug duquel nous gémissons en ce moment. Deux adolescents maladifs succèdent au fils valeureux de François Ier, et leurs mains, trop débiles pour retenir le pouvoir, l'abandonnent aux factions dévorantes qu'exaltent les passions religieuses. Enfin, au plus laborieux de nos rois succède, avec Louis XV, celui qui en fut le plus indolent. — Ces exemples, rares dans notre histoire, n'en sont pas moins redoutables; mais hâtons-nous de dire que, si leurs effets sont terribles dans les Etats absolus, ils perdent bien de leur gravité dans les monarchies tempérées, là où la loi règne avant la volonté du prince, et où la nation partage avec celui-ci le pouvoir. N'est-ce pas sous un monarque frappé de démence que la politique britannique jetait, il y a moins d'un siècle, son plus vif éclat? Et en France même, la force du droit monarchique et national ne suscitait-elle pas Jeanne d'Arc ramenant Charles VII pour la réparation des désastres de Charles VI, Henri IV pour l'apaisement des tempêtes du règne des derniers Valois, et Louis XVI, le vertueux Louis XVI, pour l'expiation des fautes commises avant lui, et la restitution au pays des droits que la nation avait confiés à Louis XIV, et que Louis XV laissa choir aux mains des courtisans et des favoris?

Croit-on d'ailleurs que l'élection comporte moins de chances, et soit exposée à moins de mécomptes et d'erreurs? Calculez de Pétion à Barras les égarements de la faveur populaire! Que serait-ce si vous poursuiviez la comparaison plus loin? Dites, la main sur la conscience, jamais le pouvoir a-t-il été plus malheureusement occupé en France que sous le régime des plébiscites? Que serait-ce, si, sondant les noirceurs de l'avenir, nous nous arrêtions aux présages de dégradation et d'abaissement qui menacent à l'horizon?

Les générations passées n'ont pu engager celles présentes! pas plus apparemment que celles-ci n'engageront les futures. — Mais comment s'arrêter sur une telle pente? Alors il faut dire de même pour toutes les lois essentielles qui règlent les sociétés, et revenir à l'état de nature.

Tous, citoyens de l'univers, enfants d'un même père, nous naissons *naturellement* avec des droits égaux à posséder, à commander et à satisfaire nos appétits. Mais, comme si chacun pouvait s'abandonner à la bonne loi naturelle, il serait impossible de vivre en société, il a fallu établir des lois civiles pour mitiger les lois de nature et, ces lois civiles ou conventionnelles ou sociales sont aussi nécessaires et plus nécessaires même pour ce qui concerne l'exercice de l'autorité, que pour tous les autres objets. C'est là où il est le plus dangereux de détruire et d'innover. Les lois générales en politique ne sont, en effet, que le fruit de la tradition et des temps. Elles ont de grandes difficultés à s'établir, et lorsqu'elles le sont, on ne les renverse qu'au prix souvent de l'existence des sociétés qu'elles protégeaient. Elles étaient devenues, avec le temps, les assises de l'ordre et de l'union des citoyens et des cités, elles dictaient à chacun la règle constante des devoirs envers l'autorité et la patrie, elles portaient avec elles le signe certain de ce qui est de droit et de ce qui ne l'est pas. C'est de ce caractère qui leur est propre, que vient le beau nom de *légitimistes,* par lequel leurs adversaires ne peuvent s'empêcher de désigner les amis de la loi dont M. le comte de Chambord est l'incarnation; *légitimistes* , c'est-à-dire ceux qui sont en intimité avec la loi, ce qui est légitime étant en effet ce qui est intime aux lois. Et de toutes les lois destinées à établir, à fixer, à régler l'autorité dans une société, il n'y en a pas, entendez-le bien, de plus importante, de plus essentielle au repos et à la prospérité de la société, et j'ajouterai de plus favorable à la dignité des citoyens, que celle qui ne permet pas, qu'à toute heure, l'autorité soit accessible à tous ceux qui voudraient y aspirer.

Les controverses sur ce sujet ne sont pas d'hier. Au XVIIe siècle, sous Louis XIV lui-même, on avait libre cours pour les discuter, et un esprit éminemment libéral, Fénelon, professait que :

« Parce que l'orgueil, l'amour de l'indépendance et les autres passions nous portent à nous préférer aux autres, il faut quelque règle moins équivoque que les qualités personnelles pour fixer la possession de *la souveraineté*, afin qu'elle ne soit pas sans cesse en proie à l'ambition des hommes ; comme il a fallu des règles pour fixer la propriété des biens, afin qu'ils ne fussent pas toujours en proie à l'avarice des hommes. »

« Il n'y a sans doute, ajoute-t-il, que la sagesse, la vertu, le mérite qui donnent par eux-mêmes un droit naturel à la préférence. Mais comme l'amour-propre nous pousse tous à juger en notre faveur, il fallait quelque signe fixe et palpable pour décider des rangs, afin de conserver la paix des sociétés. »

Et il conclut comme nous l'avons déjà dit en parlant du droit divin, *que le droit héréditaire des couronnes et celui des terres n'ont à la vérité aucun fondement dans le droit naturel et primitif, mais qu'ils sont tous deux fondés sur les mêmes principes du droit civil et doivent être tous deux également inviolables dans tous les pays où ils sont établis.*

Pour faire sentir l'absurdité des principes contraires, il suppose le dialogue suivant :

« Les Rois, dira le républicain, ne sont
» que les dépositaires d'une autorité qui ré-
» side originairement dans le peuple. Les
» hommes naissent libres et indépendants.
» Mes ancêtres ont cédé leur droit inhérent
» de se gouverner eux-mêmes aux souve-
» rains, à condition que ces magistrats su-
» prêmes gouverneraient bien. Le roi a violé
» le contrat originaire : je rentre dans mon
» premier droit, je le reprends, et je veux
» le donner à un autre qui en fera meilleur
» usage. Le droit héréditaire des couronnes
» est une chimère. Par quelle autorité les
» premiers princes ont-ils pu transmettre à
» leurs enfants un droit à l'exclusion du
» genre humain, et de mille autres plus
» dignes de gouverner que leurs descen-
» dants? Mes ancêtres ne pouvaient pas leur
» transférer, sans mon consentement, un
» pouvoir qui anéantit mon droit inhérent
» et naturel, et certainement leur dessein,
» en confiant ce droit aux princes, n'était
» pas de rendre leur postérité misérable.

» Vous avez raison, répond le voleur ; c'est

» sur ces mêmes principes que je règle ma
» vie. Les riches ne sont que les dépositaires
» des possessions qui appartiennent à tout le
» genre humain. Les hommes naissent tous
» citoyens de l'univers, enfants d'une même
» famille ; ils ont tous un droit inhérent et
» naturel à tout ce dont ils ont besoin pour
» leur subsistance. Je suppose avec vous que
» mes ancêtres et les vôtres ont fait, par un
» accord libre entre eux, le partage des biens
» de la terre. Mais les miens ont prétendu
» sans doute que leur postérité serait pourvue
» de tout ce qui lui serait nécessaire. Les
» riches ont violé ce contrat ; ils se sont em-
» parés de tout, rien ne me reste. Je rentre
» dans mon droit naturel, je le reprends, et
» je veux me saisir de tout ce qui m'appar-
» tient par nature. Le droit héréditaire des
» terres est une chimère. Par quelle autorité
» les premiers occupants ont-ils pu trans-
» mettre à leur postérité un droit à l'exclu-
» sion de tous les hommes, souvent plus
» dignes que leurs descendants ? Mes an-
» cêtres ne pouvaient pas transférer aux
» autres, sans mon consentement, un droit
» qui anéantit mon droit inhérent et naturel ;

» et certainement leur dessein, dans la dis-
» tribution originaire des biens, n'était pas
» de rendre leur postérité misérable.

» Puisque ces princes et ces magistrats,
» que vous appelez usurpateurs sur les
» droits de l'humanité, m'empêchent de
» jouir de ce qui m'appartient par nature, je
» veux soutenir mon droit et faire main-
» basse sur le superflu de tous ceux que je
» rencontre. Or, comme je m'aperçois, brave
» tribun du peuple et digne partisan de la
» liberté naturelle des hommes, que vous
» avez plus d'argent qu'il ne vous faut, per-
» mettez-moi de vous dire qu'il appartient
» à vos frères, mes compagnons et à moi,
» qui sommes dépourvus de tout. Faites-
» moi la justice que vous voulez que les
» princes vous fassent. Ils ont violé vos
» droits naturels, vous empiétez sur les
» nôtres ; nous n'avons rien, vous avez beau-
» coup plus qu'il ne vous faut ; nous som-
» mes vos frères, nous vous aimons, nous
» ne voulons point votre vie, nous ne de-
» mandons point votre nécessaire ; partagez
» seulement entre nous ce dont vous n'avez
» pas besoin.

« Que dirait un anti-royaliste qui rencontrerait sur le grand chemin un semblable voleur, poli, honnête et zélé pour les droits naturels de l'humanité? Je ne vois pas quelle autre réponse il pourrait lui faire, que de lui donner sa bourse, sans pouvoir se plaindre de la moindre injustice. Qu'on me pardonne cette petite digression. *Ridendo dicere verum quid vetat.* »

Aussi, à raisonner froidement et de bonne foi, la querelle entre les monarchistes sensés et les républicains honnêtes pourrait être facilement vidée.

La doctrine républicaine prise dans son acception large, implique bien moins l'éligibilité du chef du pouvoir exécutif, que le concours de la nation tout entière au gouvernement du pays. Ce qu'elle repousse absolument, c'est la prédominance d'une caste, d'une partie quelconque du peuple sur l'autre, une aristocratie en un mot. Le libre consentement de tous au vote de l'impôt et de la loi, voilà ce qui est capital. Mais pour l'exécution de la loi, la forme du pouvoir qui en est chargé n'est en réalité que chose secondaire;

ce qu'elle demande avec raison, c'est que ce pouvoir soit séparé et distinct. Qu'il soit annuel, viager, héréditaire, il ne lui en faut pas moins la force, puisqu'il exécute, et c'est ainsi qu'il représente et qu'il est par le fait l'autorité. Or, plus vous lui donnerez un caractère indélébile, plus vous le placerez au-dessus des passions humaines, plus il sera entouré du respect qui est indispensable à son fonctionnement régulier et tutélaire, et plus vous aurez la chance de rencontrer en lui les conditions de bienveillance, de paternité, d'impartialité pour tous, de protection pour le faible, qui font son honneur et la gloire d'un pays.

Depuis longtemps les légitimistes ont proclamé les droits de la nation, et ils sont les premiers à revendiquer les libertés nationales qu'ils ne séparent pas dans leur culte des principes monarchiques. N'est-ce pas là le but principal auquel visent les républicains? — Que les républicains de leur côté reconnaissent la nécessité sociale de l'hérédité du pouvoir, et la paix est faite.

La Nation et le Roi, en d'autres termes, *constitutio regis et consensus populi.*

C'était la devise de nos pères : on la trouve dans les premiers capitulaires.

Quel peuple a jamais eu à son berceau une pareille maxime? On cherche et on cherchera vainement mieux.

Le pouvoir sans contrôle de la royauté nous a valu le règne de Louis XV, le pouvoir absolu du peuple enfanta 1793, 1848 et 1871.

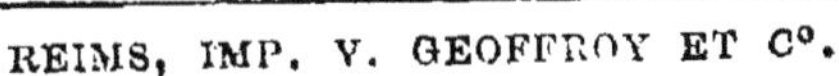

REIMS, IMP. V. GEOFFROY ET C°.

www.ingramcontent.com/pod-product-compliance
Ingram Content Group UK Ltd.
Pitfield, Milton Keynes, MK11 3LW, UK
UKHW020122200726
13856UKWH00002B/679

9 782011 765970